U0023452

胡筆標準

千百年來第一人，
創造出毛筆的標準

作者 / **胡厚飛**　毛筆示範 / **張文昇**

胡厚飛搭配書藝家的製筆工藝，製作出4到21公釐共18種尺寸，每種尺寸3種長度，每種長度3種彈性，計162種筆性，供書畫家依篆、隸、楷、行、草書，選擇對的筆性，揮灑出自己的個性。

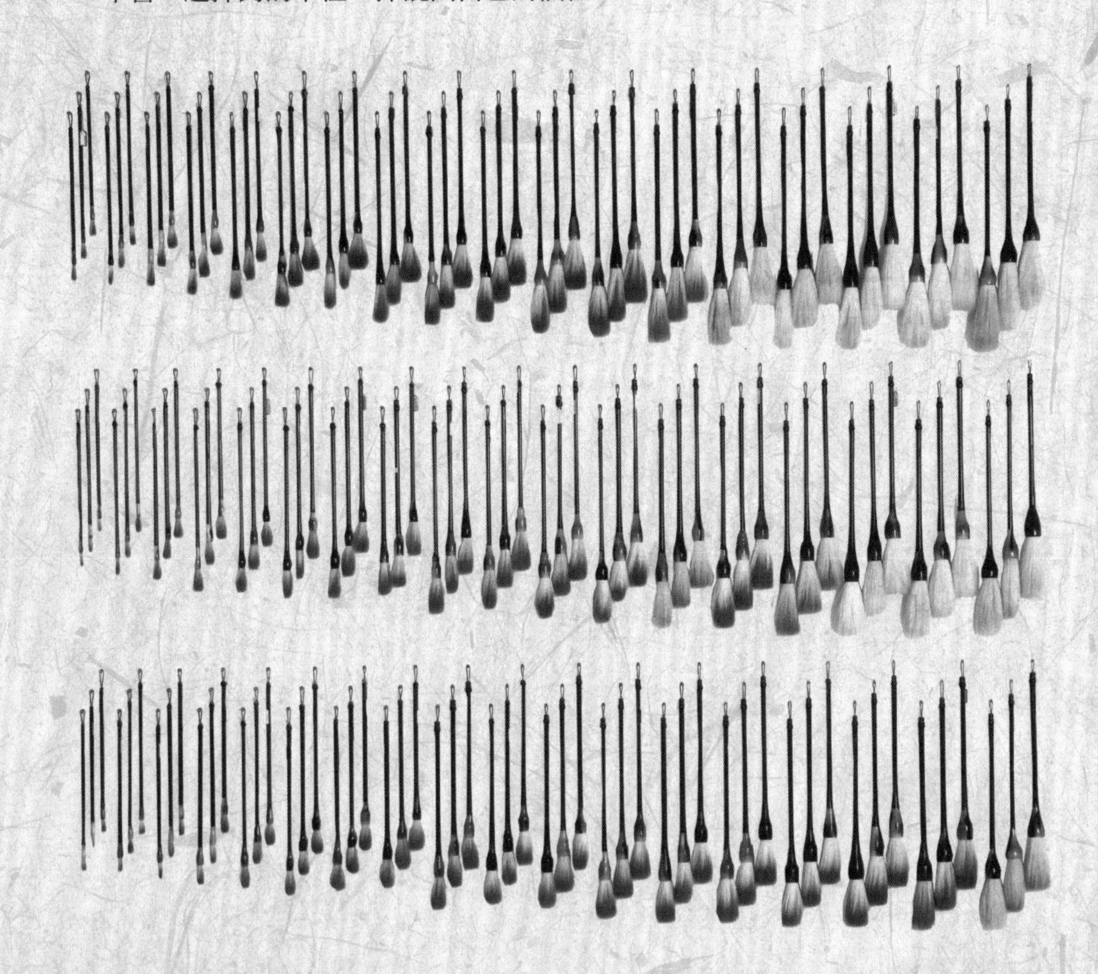

目錄

自序

規格化的胡筆，成就大師風采

要算學習書法的淵源，可能是受益於人生軌跡的薰陶。現在的我在閒暇之餘，點個沉香，賞玩水滴、硯台，甚至興致一來便在紙上揮毫，就像喝茶一樣，會上癮。

第1部

知筆——書墨人生，運「筆」帷幄不將就

古代文人墨客可以題出一手好字，在於對筆的講究，展現出豪壯不將就的態度。今人學習書法，拜科技進步之賜，需要收放自如、運轉自在的筆，不難。胡筆的製作，讓現在與過去的自己重新相遇，重回初心，正是人生至樂。

第2部

玩筆——傳家藝術，做出永續書寫的毛筆

寫書法、畫水墨畫的人，都少不了與筆墨紙硯的親密接觸，這些我們習以為常的工具，卻是經過了無數道精密的工序，必須一絲不苟，才得以完成，並且只有依靠純手工製作，才可以保持高品質的質量。

自序

規格化的胡筆，成就大師風采

要算學習書法的淵源，可能是受益於人生軌跡的薰陶。現在的我在閒暇之餘，點個沉香，賞玩水滴、硯台，甚至興致一來便在紙上揮毫，就像喝茶一樣，會上癮。

不愛讀書的我，卻愛上毛筆字

家父是軍醫退伍，一九六〇年在內湖開了一間診所，家境屬於小康範疇。因為是獨生子，家父對我的期望很高，家教甚嚴。

從小到大，記憶力一直都是我的短板，從來都是考試的常「敗」將軍，也讓我對讀書這件事，採取「最低標準」的態度——考過及格線。當過學生的我們都有過一個經驗：企圖裝病請假。還記得因為愛玩，沒有寫作業，在那個年代只要沒寫作業一定會挨打，只好想了一個辦法：晚上睡覺時，故意不蓋被子，凍了一整夜，強忍著頻頻顫抖的身體，只希望因為感冒發燒而不用上學。結果，身體一切正常，不僅得準時上學，到了學校還是照樣被飽打一頓。

唉！早知如此，昨晚應該鑽進棉被先睡飽，免得兩頭虧！

那時候的內湖，還是屬於台北市郊區，常常被同學戲稱為「鄉下」。方濟中學讀書時期，接觸了更多不同家庭的同學，使得我的思想、形色與眼界自然逐漸寬闊，至今仍有一年兩次的同學會，與這些「台北的」同學談天，聊著學生時期的趣事、糗事。

其中一位同學現移民澳洲，我們兩人經常翹課到山上軍營的撞球店打彈子，有次打得煩了，他便提議去溜冰，從此我倆就成了圓山冰宮的常客，也加入了北極熊冰上曲棍球隊，感受到在課業中從來沒有過的成就感，努力增進溜冰技巧，也讓我當了幾年的隊長，直到入伍。

成功嶺受訓完後，抽到了「金馬獎」的金門部隊，接著被送到士官隊受訓。那時的士官隊，訓練嚴格自不在話下，除了體能、戰技、領導統御之外，當然也要上莒光課。

當時都是用大字報來上課，而大字報都是由隊上的老士官長用毛筆寫成。紙上的字筆勁恢弘，讓我在課程中，不自覺地用手在大腿上不斷地模仿，自此之後，士官長的毛筆字便烙印在腦海中，直到現在仍不曾褪去。

一次退貨危機，意外找到工程專長

退伍之後，想要打拚事業，卻沒有一技之長。拒絕家父為我安排的工作，毅然決然選擇到貿易公司從基層做起，想著反正什麼都不懂，而貿易可以接觸許多行業，從百業中尋找性向吧！

直到有一次，台中製造三十六英寸、一百一十公分長的大型水管鉗出口至法國，卻因為鉗口斷裂而被退回。工廠師傅也找不出原因，正苦惱之際，我也跟著進行了解，後來發現原因出在銑床加工時，轉角處呈 L 狀，由於轉角處過於直角，產生了應力集中，自然從該處斷裂。我隨即便提議將刀子轉角磨成圓弧狀，如此就不會再有應力集中的問題。

「對啊！我怎麼沒想到？」突然，老師傅脫口而出。

這時我才發現，雖然我的記憶力比別人差，但對邏輯分析、機械結構的應用、力學等部分，比別人思路更加敏捷而準確，從此在工具這條路一走就是四十年。

五專讀的是華夏食品工程，對於工具機械的相關知識零了解，只能一切從頭開始學起，跟著到處跑工廠、看各種機器加工技術，但這樣的自學也只能學點皮毛，於是到三重找到一位技術高超的師傅，從拿銼刀、鋸子，到操作車銑床、電焊，再加上從供應商學到設計零件、製圖、發包、加工組裝……，無一不學。

既然求學過程不精采，沒有漂亮學歷，那就創業吧！學歷不影響我的學習研究，也不影響專事工程的探索。那時的我什麼都做，什麼都學，因為這是我的強項，所以學得比別人快，也幸運地成了一名事業和興趣合而為一的快樂人。

一九九四年，我設計了單向棘輪扳手，五年後，又設計了換向棘輪扳手，從此世界的梅花扳手就成了棘輪的天下，特別是二〇〇九年，接受日本享譽盛名的工具品牌介紹雜誌《工具の本 Factory Gear》的專訪，報導中還稱我為「棘輪扳手之父」。

《工具の本 Factory Gear》vol.5（發行所：株式會社學習研究社，2009 年 3 月 10 日發行，ISBN 978-4-05-605405-7，專訪頁面 P118 ～ 119）

Column

「ギアレンチの父」ボビーさんに聞く!!

工具業界の過去10年を振り返った時、世界を動かしたといえる工具のひとつが、メガネにラチェット機構がついた「GEAR WRENCH」だ。
今ではいち工具ブランドにまでなってしまった「GEAR WRENCH」も、その誕生は紛れもなく、一本のギアレンチからだったのだ。
そして、そのルーツを辿ると一人の男に辿り着く。「ギアレンチの父」ボビーさんだ。
そのボビーさんがギアレンチを大いに語る!

The Story of GEAR WRENCH

今から80年以上前に、すでにギアレンチのルーツとなる工具がアメリカにあったことは、昨年の工具の本でも紹介した「カリフォルニアツール」を訪問したときに、わかってはいた。たしかに日本でも、10年以上前から今のラチェットメガネの前身ともいえる工具は、KTCやサンキなど、日本の工具メーカーからラインアップされていた。しかし現在主流となっている細かいギアで、ヘッドがコンパクトなギアレンチは、この手では使い勝手が格段によく、瞬く間に世界を席巻し、多くのメカニックが手にする超メジャーな工具となってしまった。

今や、世界各国のメーカーから数多くの種類が出ている「ギアレンチ」も、正式に「GEAR WRENCH」と呼べるものは、ダナハーグループに属する、リーウェイと呼ばれる台湾メーカーのものだけである。ダナハーグループとは、現在、スタンレー、スナップオンとともに世界に3つある大きな工具製造グループのひとつで、世界の工具マーケットを動かすほどの影響力を持つ大きなグループとなっている。

今回は、その「GEAR WRENCH」の父といえるBobby Huさん（以降ボビーさん）から直接「GEAR WRENCH」について聞いた。

ボビーさんは、台湾工具の祖ともいえる国家に仕え、工具製造の技術を学んだ。その後、国家の長男がリーウェイを創業し、ボビーさんも開発担当として活躍の場を与えられた（この辺のヒストリーは実に壮大なストーリーなので、もし、また別の機会があれば紹介したい）。

1990年代始めから中頃にかけて、同じ台湾メーカーであるKABO社が開発した、現在のギアレンチの原型ともいえるスタイルをもったギアレスレンチが、ドイツでひとつのブームを起こしていた。

価格は通常のレンチの6倍以上で取引されていたにも関わらず、常に欠品状態。この凄まじい売れ行きは原産国である台湾でも大きな話題となっていた。ただしベアリングを使用するギアレスタイプは、個体差が大きく安定した製品を出すことは難しく、動作音のあるギアタイプの方が、市場で受け容れられるのではないか、とボビーさんは考えていた。

そこで開発されたのが、現在の「GEAR WRENCH」のルーツとなるものだった。現在主流となっている72枚ギアや、パーツにメタルインジェクションを取り入れて強度と耐久性を向上させるなどという仕組みも、この頃考案したものだという。

その後、ボビーさんはリーウェイを円満退社し、現在HI-FIVE（ハイファイブ）という会社を設立。独創性豊かな製品を今もドンドン作り出している。「GEAR WRENCH」の大ブレイクについて、ボビーさんは、

「最初に、この商品を作ったとき、多くの人から、一時的な流行ものに過ぎないと言われてきた。でも僕は必ず大きなムーブメントになると信じていた。なぜなら、「GEAR WRENCH」は単体で使用するだけでなく、様々なアタッチメントを活用して使い勝手の可能性が大きく広がる工具だからね。今では世界中の多くのユーザーが、「GEAR WRENCH」を手放せなくなっていると思う。だからこれからも、良いものをドンドン作ってみんなに喜んでもらいたいと思うよ」。

そんなボビーさんは、いつも好奇心旺盛で、嬉しそうになにかを考えている。

「ギアレンチの父」は、今後も、僕たちがびっくりするようなビッグヒット工具の父になるに違いない。いや、もうすでになっているのかも??

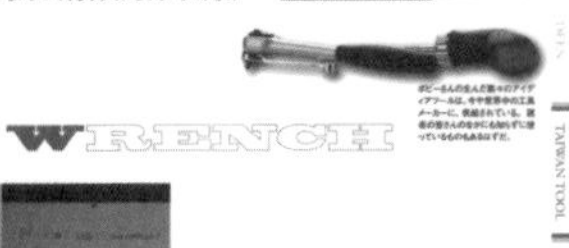

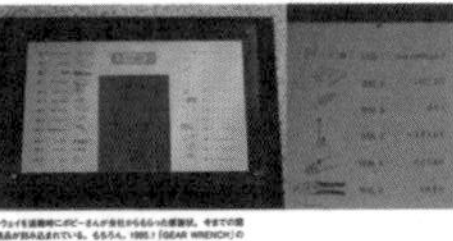

118　　119

以下為《工具の本 Factory Gear》專訪的中文翻譯：

訪問 GEAR WRENCH 之父——BOBBY HU

回到十年前的工具業界，帶動世界的工具之一是附有棘輪結構的 GEAR WRENCH。當時就連現在已有名氣的工具品牌「GEAR WRENCH」還尚未誕生，因此，為了追溯 GEAR WRENCH 的源頭，我們好不容易找到了「GEAR WRENCH」之父，來跟我們談論 GEAR WRENCH。

我們在去年的工具書「加州工具」篇當中，介紹過距今約八十年前，美國已有找到棘輪扳手的始祖。事實上，在十年前的日本，工具界知名廠商 KTC 等，也有棘輪的產品——即現在梅花扳手的前身，當時也是炙手可熱，大家等著買，但是現在的主流卻是棘輪要小、頭部輕巧方便的棘輪扳手，不但使用上特別取勝，更在瞬間席捲全世界，也成為技師工作上最主要的使用工具。

現今世界各國的棘輪扳手種類繁多，真正稱為「GEAR WRENCH」要屬丹納赫集團——B台灣廠商 LEAWAY，丹納赫集團現在算是與 STANLEY、SNAP-ON 並列的三大工具製造廠之一，在世界工具業中具有非常大的影響力。

這次，訪問到擁有「GEAR WRENCH 之父」美稱的 BOBBY HU。

BOBBY HU 早期在台灣工具的始祖——周家工作，學習製造工具的技術之後，周家的長男創立了利維，BOBBY HU 在此擔任開發的職務。（關於與利維的關係這邊尚有許多的故事，

如果下次有機會的話再詳述）

一九九〇年代中期開始，同樣是台灣廠商開設了一家稱為「KABO」公司，此公司製造了和現在原型幾乎一樣的無齒棘輪扳手，在德國引起一陣騷動，雖然價格是一般扳手的六倍之高，卻仍然經常缺貨，當然這也在原產國台灣掀起一大話題。

但是 BOBBY HU 提出此扳手的看法，卻是此產品棘輪裡使用的軸承種類體積較大，不易做出安定的產品，且此轉動時無聲的聲音型態，不易受到市場的看好。

基於種種思考，一再地突破

BOBBY 發明了現在的 GEAR WRENCH，用的是現在主流七十二齒棘輪，零件內裝的是採用強度、耐久性高的 METAL-INJECTION 組立方式。

在這之後，BOBBY 從利維退職，創立了 HI FIVE 公司，也漸漸做了許多獨創性且豐富的製品。

關於造成轟動的「GEAR WRENCH」，BOBBY 說：「最初在做此產品時，很多人都不看好，一致認為這只是一時的流行，很快就會過時，但是我堅信一定會大賣，為什麼呢？因為它不但可以單獨使用，還可以活用接上不同的配件，使之變成一個廣泛被使用的工具，可能性非常大。

現今世界各地，我認為對很多使用者來說，尚且不能沒有棘輪扳手，所以我還會繼續設計更多、更優良，且讓大家愛不釋手的工具。」

插圖註解

◆SHOW ROOM裡，展示著HI FIVE在各展覽場中，展示的HI FIVE的GEAR SYSTEM商品，此GEAR SYSTEM銷往世界各國知名的品牌商。

◆BOBBY已從利維退職，不可使用「GEAR WRENCH」名稱為LOGO，取而代之的是「REVERSE GEAR」，此為BOBBY的專利。

◆擁有「GEAR WRENCH之父」美稱的BOBBY，為了證明使用上的方便跟簡易，棘輪扳手的大小即是測定的基準，為此BOBBY還特別製作了簡單易操作的展塊來測試。

◆銷往全世界知名大廠的棘輪起子，品質優良是一貫的口碑，其中的秘密是此U型片，此U型片展現了出眾的耐久性。

◆BOBBY所創造的IDEA TOOL銷售到全世界不同的工具業者，各位讀者，其中說不定有人正不知情地使用著BOBBY所設計的工具呢！

◆在利維退職之時，所受贈的感謝狀，至今所設計的產品，都刻印在上面。當然「1995.1 GEAR WRENCH」也刻在上面，另外還驚奇地發現許多有趣的產品。

◆「工具真的很有趣！」愉快的時間在這之間悄悄而過，沸騰的熱情，時間已由白天進入夜晚了，對於工具的大談闊論，也成了最好的酒餚。

一九九六年三月，剛好為棘輪扳手開發成功的次年，有幸參與世界最大的德國科隆五金暨 DIY 展（INTERNATIONAL HARDWARE FAIR COLOGNE, IHF）。
為了一炮打響讓大家認識這個新產品，我設計了一個科隆展有史以來最高的展示品——六公尺高，實際製作前僅靠前一年的目視高度，最後成品只差十公分就會碰到屋頂，所幸有驚無險。那一年，「GEAR SPANNER」自然是鎂光燈的主角，也成了當年展場上大家相約碰面的明顯標記，從此棘輪扳手成為專業技工不可缺少的基本工具。

「什麼時候退休？」有人這樣問我。

「做到生命結束為止！」這是我不變的回答。截至今天，在手工具的領域中，我仍不停地研發創新，更成為我的活力泉源。

重拾毛筆雅趣，與張老師結莫逆

然而，在中年時期，遇到了人生低谷。

三十八歲那年（一九九三年），因為相信朋友，被騙了兩千萬元，從此扛著債務，每天工作十六小時，這種生活模式一過就是十二年，到了五十歲生日時，事業才大致步上正軌，如此將大部分的時間花在工作上，之前的休閒愛好早已被遺忘到一旁。

有天，好友送了一盆松樹盆栽，當作我的五十歲生日禮物，欣賞之餘，驀然驚覺人生已過了一半，該是開始放下腳步、修護身體零件的時候了。從那時起，每個星期天帶著家人逛花市、玉市，成為固定行程。直到有天上午，我在建國花市文藝特區看到賣毛筆的攤位，腦海中突然閃過了士官長的字，一時興起，便拿起一旁試寫的毛筆，沾著水就在水寫紙上寫了起來。

身為雙魚座B型的我，天生具有浪漫細胞，在學生時代，自然對畫畫很感興趣，退伍後仍會興致一來就畫個幾筆，只是進入社會摔了一跤後，浪漫情懷早已被藏在心中深處。也許是天性，當在建國花市攤位上拿起筆的一剎那，當初喜愛畫畫、寫字的浪漫細胞又開始活了起來。

我把寫字當作是在畫字，特別喜愛行書，因為它可以隨意揮毫，由此表現出不同的體態，

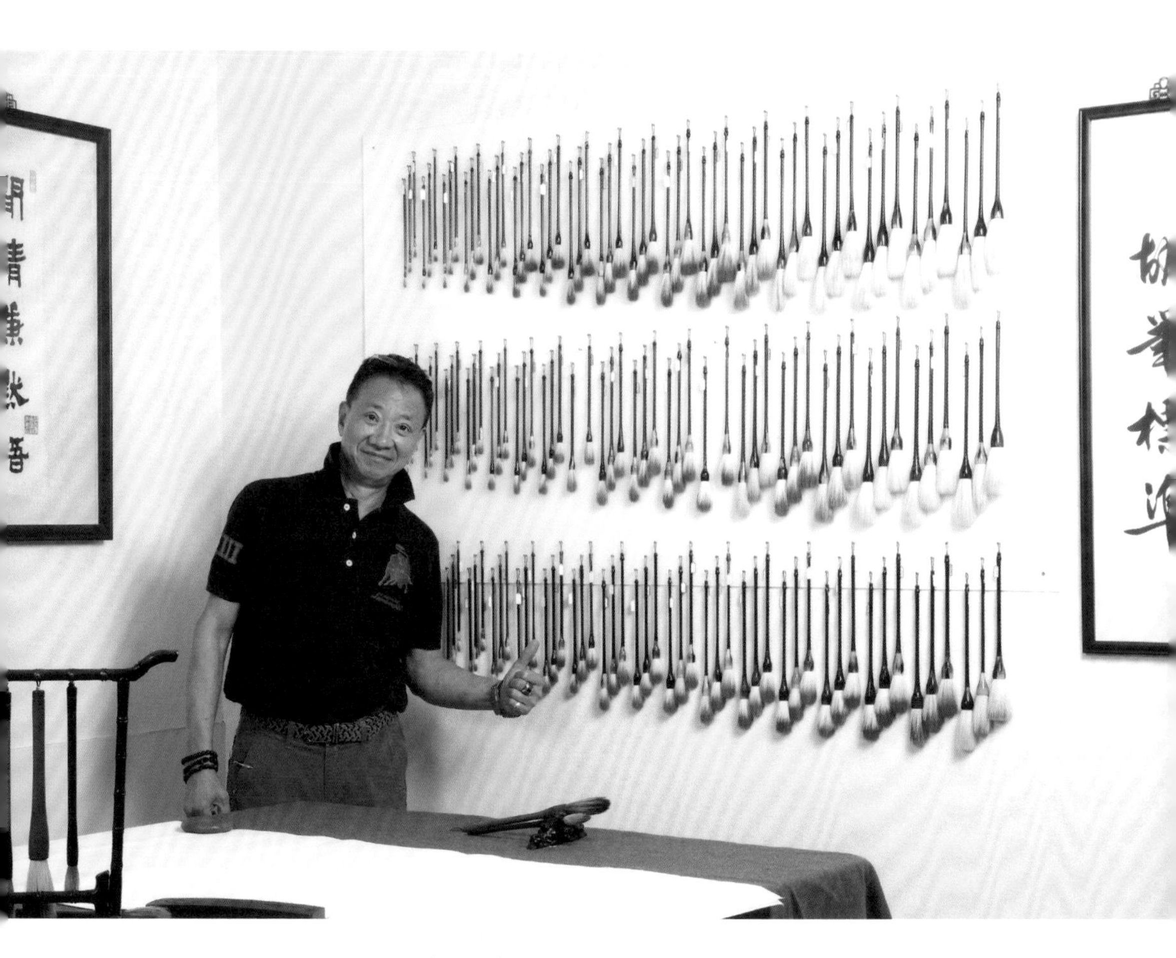

從知筆到玩筆，我並非為製筆而製筆，而是希望解決實踐中的問題，才是我研究的目的。

根據不同的心情，會有不同的風格、不同的快意。再次來到毛筆攤位，終於見到攤位老闆——張文昇老師，看到他隨手一揮，與士官長相同的筆勁，讓我看得手癢，卻因為大師就在面前，故而不敢班門弄斧。

看著張老師的字，自己在一旁偷學，也是過癮。從此，每週六上午就會到張老師店裡談書法、寫寫字，從各種字體開始聊，聊到後來發現原來毛筆有諸多特性的差異，自古毛筆沒有標準，儘管是相同的人製作，這批與下批毛筆的筆性也會不同，難怪張大千到日本訂筆時，一次就訂五百支。

現代化器械與整合經驗，展現規格化胡筆

近年來，玩起沉香、宜興壺、普洱茶、盆栽、紅酒、黑毛柿、奇楠、日本花器、傳統手工弓、筆墨紙硯等藝術品，追補失落的青春，和張文昇老師認識後，更想對毛筆找出一種合適的製程，

土結香奇

土結香奇

也來一次革命創新，評估自己，我只對於可視、可觸、可執行的現狀思路敏捷，對製程規劃有關係的細節有感。

我不是為了製筆而製筆，而是希望解決實踐中的問題，換成一支支規格化、可複製標準的筆，才是我研究的目的。我堅信，古來所有觀念、理論都不會是玄而又玄，而是經由無數個實證構成。差異的是今天的我，擁有現代化器械，以及整合結構的經驗，形成具體可行的規格化製筆。

我不是學史的人，搬弄理論非我專長，但是理工背景的影響，我從部分典故的邏輯架構下，串引的全文：前半部「知筆」，必須了解一下文房四寶的小故事，並且認識字的緣由，再領略八大書體之美；後半部「玩筆」，詳載我胡氏製筆的標準，並申述製筆、選毛的黃金比例等種種，最後用書寫人生，實踐傳家藝術做結尾。

身處藝術多元、寬鬆、自由的年代，讀者可以各擇所需。我在寧靜的專業環境中說筆論理，期待同道朋友給予支持，且指點一二的機會。

胡厚飛

第1部

知筆

書墨人生，運「筆」帷幄不將就

古代文人墨客可以題出一手好字，在於對筆的講究，展現出豪壯不將就的態度。今人學習書法，拜科技進步之賜，需要收放自如、運轉自在的筆，不難。胡筆的製作，讓現在與過去的自己重新相遇，重回初心，正是人生至樂。

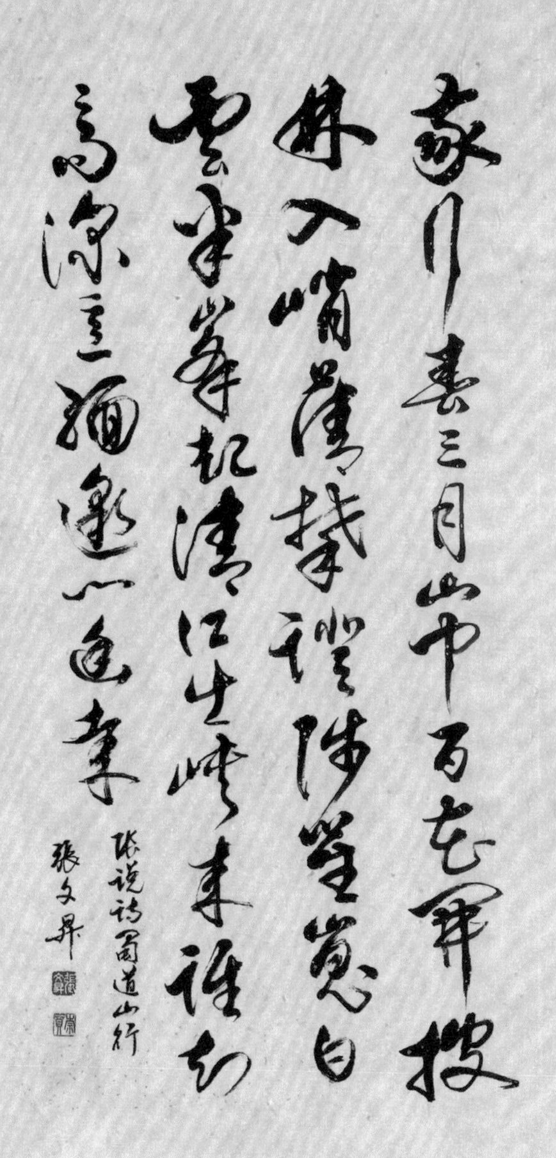

我行春三月，山中百花開。披林入峭蒨，攀蹬陟崔嵬。
白雲半峰起，清江出峽來。誰知高深意，緬邈心幽哉。
——唐．張說〈過蜀道山〉
張文昇 ◎ 書法

01 關於文房四寶之首，你該知道的事……

筆、墨、紙、硯，是東方人的「文房四寶」，它們不只是書寫的工具，其中「筆」更是蘊含千年的傳統瑰寶。

正所謂書法要寫得好，書法家的技藝固然重要，工具也佔了不小的因素。清代楊賓【註1】曾說：「書之佳不佳，筆居其半。」筆到底重不重要，一出手便能知道。

文房四寶，相映成趣

走進文人墨客的書房，懂得識貨者，不只會看到書桌上擺放的文房四寶，相對也會關注著——水滴、筆洗、筆舔、鎮尺、墊布、筆架這些輔具。

以筆架為例，筆架可分為平放以及垂吊式，平放時看起來像是一座山的造型，因此又被稱作「筆山」。

筆架的選擇視個人喜好為之，有些書法家甚至只是將木頭一刀砍下去，就作為放筆的架子

一支好筆不只是取決於筆毫，筆桿也是其中至關重要的一環，書體的流變與形成可能與此息息相關。書法已經遠遠凌駕感官之上，一「筆」畫開，驚「墨」拍岸，捲起的前路就由此繼往開來。

硯滴又稱水滴，當墨汁太過濃稠時，專門用來加水，以調節濃淡的器皿。

使用，這種豪邁作法，因人而異。相比之下，書法的另一項器具「硯滴」，它的細緻度可就不一樣了。

所謂的「硯滴」是磨墨後，當墨汁太過濃稠時，專門用來加水，以調節濃淡的器皿，又稱「水滴」，大部分都是兩個洞、沒有蓋子，將它浸至水中，水會自然流入形成對流。硯滴擁有各式大小及形狀，有些會製成茶壺的樣子，工匠在上面作畫，最後燒製成瓷器。

硯滴的文化源自於中國，一開始僅是古代文人雅士把玩、收藏的器皿，後來到了日本才更加發揚光大，直至現在，日本還有許多專門製作水滴的工匠。

這些精巧細緻的硯滴，售價通常落在數百元至千、萬元不等，材質從瓷器、柴燒、鑄銅、竹頭、鑄鐵等，可說各式各樣、千奇百怪，從造型簡易至精細釉瓷燒物件，越是名家出手，價格不在話下。一次遊逛建國花市的途中，看到路旁販賣的水滴覺得甚是可愛，從此以後，家中便慢慢增加了近千個硯滴，造型各異其趣，甚少重複。

其中，有一只江戶時代的琳派【註2】漆器，距今已有一百多年歷史，結合硯台、水滴形成一個相當精緻的文房雅硯。

琳派漆器上頭通常有著高雅華美的紋樣裝飾，以金銀粉等材料繪畫、雕刻、鑲嵌於漆器上的技法，也被稱為「蒔繪」，隨著製作技術與時代的進展之下，陸續有「研出蒔繪」、「平蒔繪」、「高蒔繪」、「肉合蒔繪」等技法出現，成為一種極致的藝術，收進國寶級的美學殿堂。

「高蒔繪」的風氣正是由琳派所帶起，精緻立體，意匠巧妙，我所珍藏的這只硯箱蓋子背面就有「光琳」的落款，琳派有許多傳人，有此落款的雅物應該就是尾形光琳家族的出品。

收藏傳統工藝是一件絕佳妙事，越是獨一無二的物件越顯珍貴，玻璃、金工……，一旦可經由人工複製、重製，反而少了些許收藏價值。文房之寶，寶在無法複製，貴在歷史的痕跡，每一項文房四寶各領風騷，就只怕「若臨歧舌不知韻，如入寶山空手回」。

運「筆」帷幄，或站或坐不將就

現代人想要寫得一手好字，首先得挑選一支拿握順手、筆尖滑順、不易斷水的鋼筆或原子筆，走進文具店，總能看見一整排的筆櫃，以及上頭早已被塗畫滿滿的試寫紙——試筆的重要性，不言可喻。

喜好寫字相贈的文人墨客，身上總不能沒有一支像樣的毛筆，古代書法家對於選筆的講究，更是有過之而無不及。

「工欲善其事，必先利其器。若用張芝筆、左伯紙及臣墨，兼此三具，又得臣手，然後可以逞勁丈之勢，方寸千言。」是哪個狂傲的人，膽敢以下犯上，甘願冒著殺頭之罪，說出這樣桀驁不馴的話？正是魏晉時期的書法家韋誕【註3】。

韋誕曾奉皇帝之命題署宮殿匾額，卻嫌棄皇帝親賜的筆墨，要求三樣書法用具——張芝【註4】做的筆、左伯【註5】製成的紙，以及他自己研發的墨，如此一來才能題出一手好字。

文具店裡滿排滿櫃的鋼筆、自動筆、原子筆，有粗有細，有長有短，紅橙黃綠藍靛紫，顏色應有盡有，站在筆櫃前的我，也時常望之興嘆。啊！什麼時候毛筆也能如此這般？

毛筆從小學就被灌輸有大中小三種尺寸。可是，除此之外呢？有的字體適合大筆寫小字、有的字體適合小筆寫大字，寫出來的筆韻就是不一樣，若都一樣不是太無趣了嗎？所以我們決定從筆徑四公釐一直到二十一公釐，共十八種筆徑任君挑選，創出自己的筆韻，好不快意。

這裡我們不免要溯源談談舊歷史，以前的毛筆多為細筆桿，主要原因在於方便「轉筆」，當初聽到的時候，有些訝異，古人也跟現在的學生一樣，時常倚坐課桌前轉動筆桿嗎？

「此『轉』非彼『轉』。」我的朋友張文昇老師笑笑地說。

轉筆，乃是一種來回轉動筆桿的用筆方法，

絕大部分的水滴都是一物兩洞，上洞是排／進氣，下孔為進水和滴水用。

這是江戶時代的琳派漆器，結合硯台、水滴成為一個相當精緻的文房雅硯，距今已有一百多年的歷史。

影響到古時書家的執筆方式。再者，唐宋之後，桌椅才開始普及，因此以前古人寫書法採用的是「站立懸腕」，也就有了轉筆取勢之法，不論是在涼亭外、古道邊，或是在大山下、弱水河畔，隨停隨寫，暢意便捷。

再者，因為站立書寫，一手拿紙，一手握筆，運「筆」帷幄，或站或坐更是不能將就。加上唐宋當時慣以兔毛製筆，選用北方冬天雪地的狡兔背脊毛，稱作宣筆或紫毫筆，既硬且韌有彈性，方便轉筆取勢，也方便書寫小字，展現鋒齊腰強的勁道。於法之上，求得方便門，並非便宜行事。

根據歷史資料，桌椅普及後，書家墨客開始習慣坐姿、手腕倚桌寫字，慢慢地就不再轉筆運指了。

與之同時，漢代以前的筆桿「細為王道」，也是為了能夠運轉自如，時至今日，回看本書「胡筆」細骨肥臀的特色——筆桿越細，頭越大，能讓手的觸感更為靈敏，再次感受轉動筆桿的樂趣，於是乎有了「一百六十二種胡筆標準」規格的開創，獨樹一幟，不讓滿櫃滿排的原子筆專美於前，提供想要學習書法的初學者，更能方便找到適合自己，收放自如、運轉自在的用筆。

站在應有盡有的「胡筆滿櫃」面前，不用興嘆艷羨，更希望提起你的手，讓我們的字裡行間也能感受這份生活意趣。

這塊端硯長 1.6 公尺、寬 1.3 公尺、重約 1.3 噸，周邊雕龍圍繞，是台灣最大的端硯，就叫它龍王硯吧！

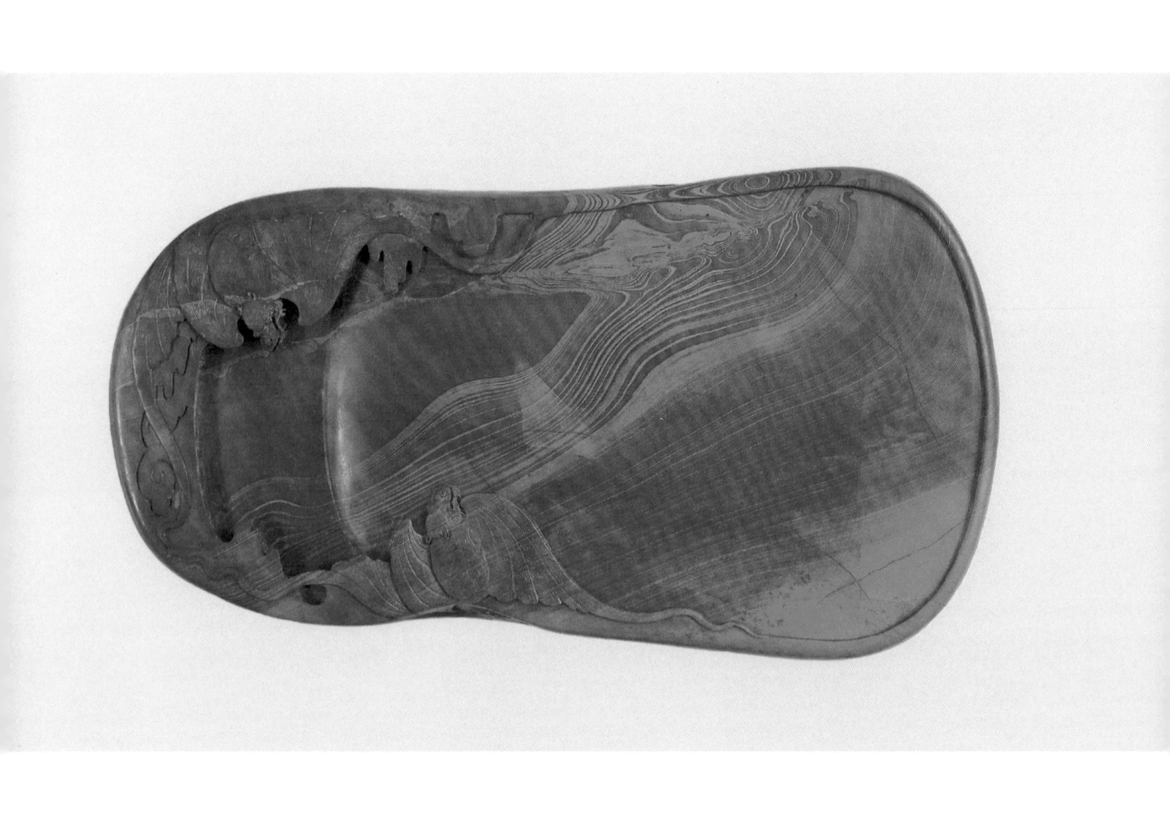

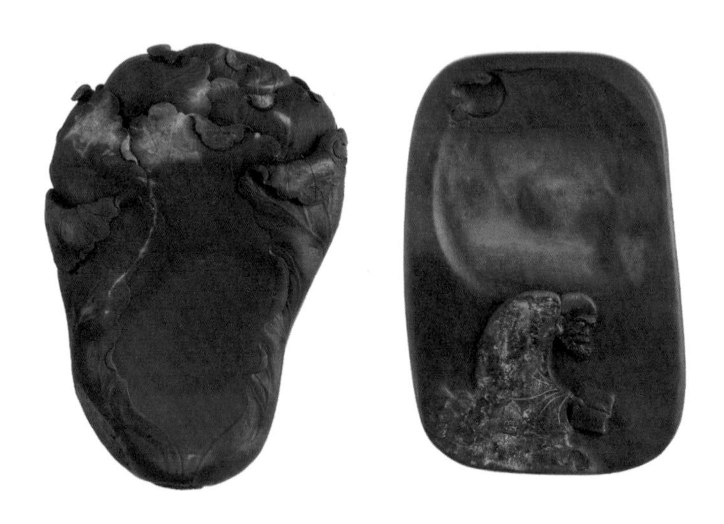

硯台屬「發墨」之器，有陶、泥、石等各式材質，論工藝，重品相。

墨水於其間，就像是一汪泉，
看似清清淺淺，實則深不可測。

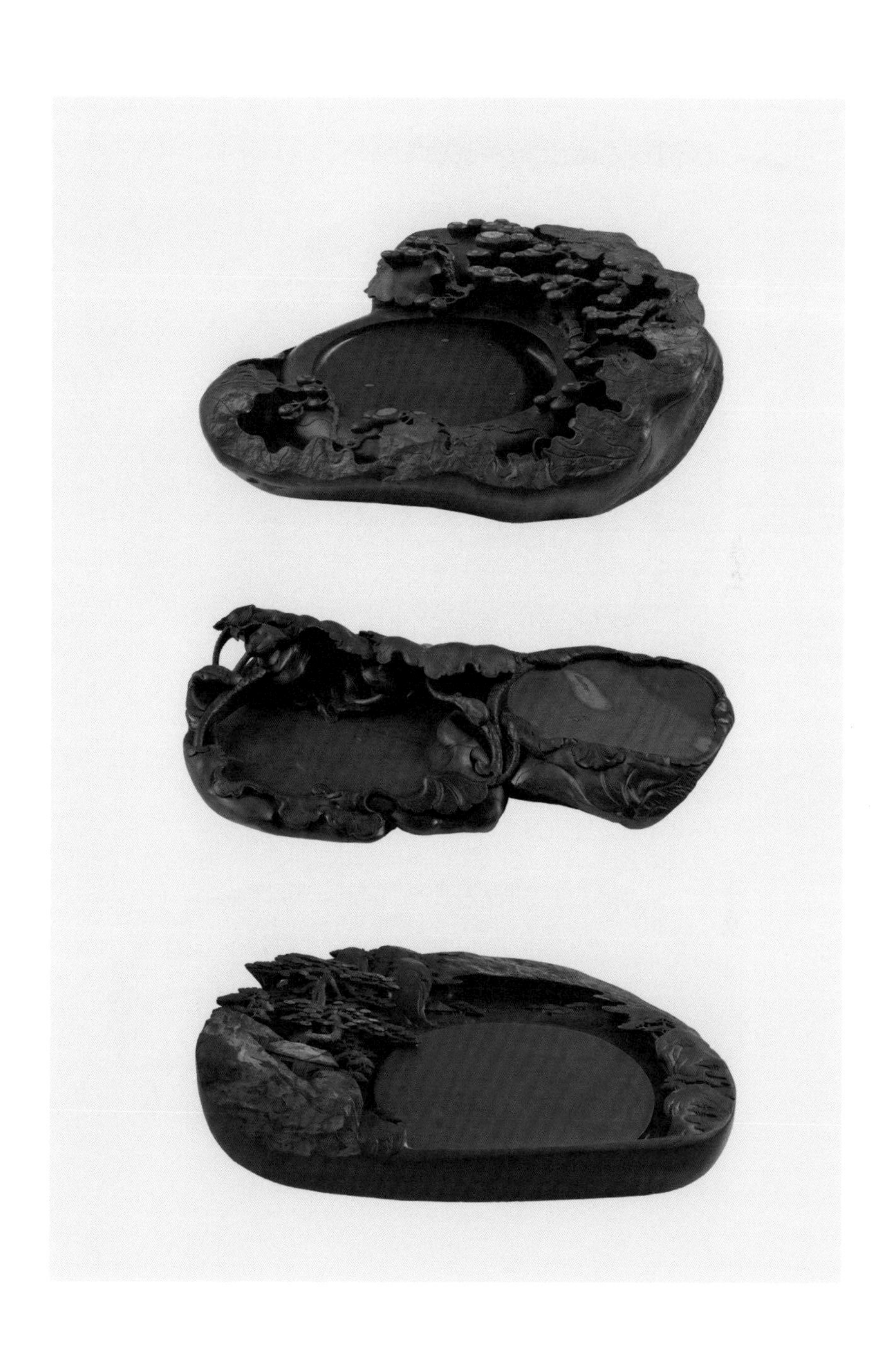

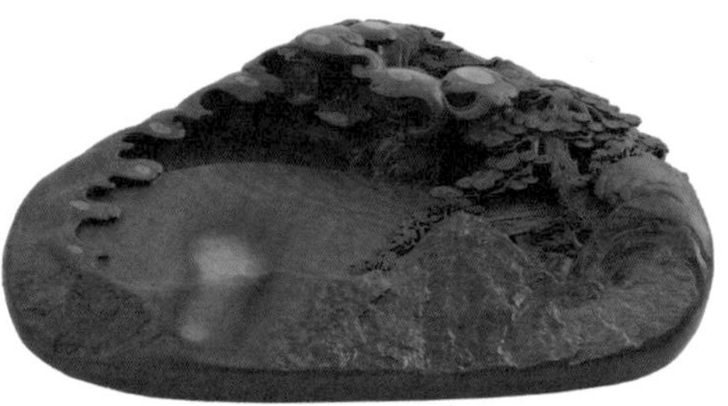

隨著時代演進，書寫工具由萬斤千頂，到輕盈如羽，一路從大壁揮灑，再到小家碧玉，紙上轉乾坤，「字」途同歸。

臨硯蘸墨，一展胸臆

墨，是毛筆的動力來源，蘸墨提筆，始能一展胸臆。

硯台屬「發墨」之器，有陶、泥、石等各式材質，論工藝，重品相，用手撫摸，如嬰兒之肌，滑潤細緻即為上品，沾水試硯，如船過無痕，墨水於其間，就像是一汪泉，看似清清淺淺，實則深不可測。

我的書房裡收藏了各式各樣、大小不一的硯台，相傳「四大名硯」——端硯、歙硯、澄泥硯、洮河硯，而我的主要藏品多是「名硯之首」的端硯，特別是出自老坑，累積下來大約已有上千方。好的端硯，除了天生材質的特性成就它的好發墨外，還有組合成分具有多種色澤、紋路變化，再加上工藝師的巧思奇技創造出各種松柏、荷竹、雲月、山水，在磨墨之際亦可神遊雕刻的意境中，也是另一種情趣。

除了硯台，老硃砂也是我的心頭好。硃砂墨【註6】是古代皇帝眉批時使用，比一般墨塊沉重，磨出的顏色也是沉甸甸的暗紅，這種紅往往被稱作「狀元紅」，古時，除了作為眉批之用，也用在試卷批改、抄寫經文等重要事務上。

當代的硃砂多被列為管制用品，原因在於其含有汞等重金屬物質，獲取純硃砂的管道越發不易，相較古時「狀元紅」的純正，現在的硃砂墨大都摻入其他原料取代，重量、密度和顏色一看就不對，毫不討喜。不過，老硃砂到了近代，多半價格昂貴只能作為收藏品觀賞，再也捨不得提用了。

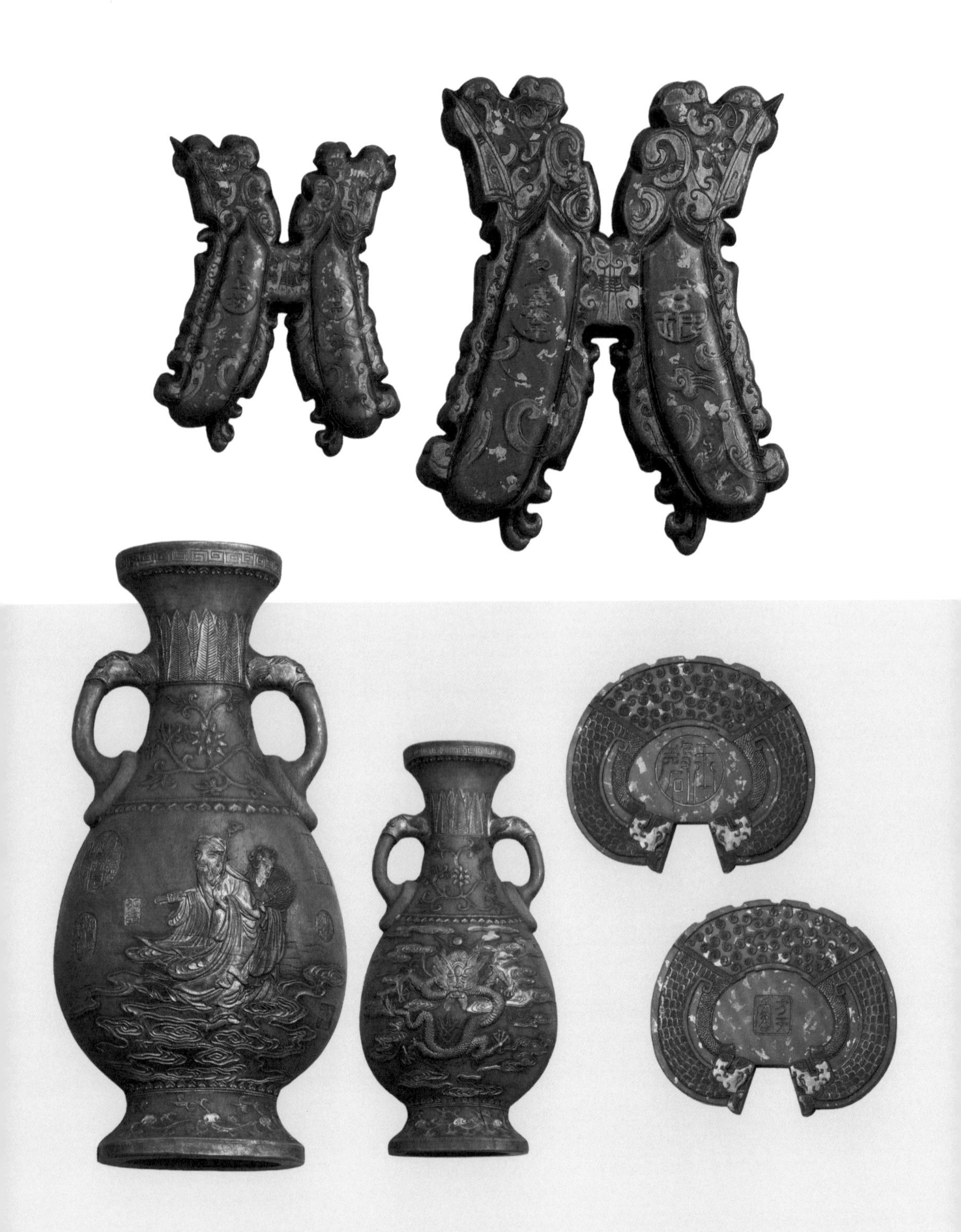

百佛圖

墨池雲

東林蓮社圖
古香齋

臨池妙品

蕉雨軒
華山半席藏墨
寥天一

紙上轉乾坤，字裡小團圓

延續說下來，漢代造紙之前，多採用絲帛和竹簡，更早則是鏤刻在金石龜殼上，書寫工具由萬斤千頂，到輕盈如羽，一路從大壁揮灑，再到小家碧玉，紙上轉乾坤，「字」途同歸。

然而貴帛賤紙，由於紙張便宜，自然蔚為風行，再加上紙軟可捲，有了捲軸就方便拿於手，成了穩定書寫的依憑，不過那時的紙張織造仍有長度限制，無法達到三丈三尺，這才會有許多的壁上書或壁上畫，流傳至今，現在看來仍是大氣潑灑、氣韻生動的名作，也是另種「紙不限大，有神則靈」。

當時古人習慣立書（站立書寫），紙材需要捲握之外，材質更講求硬挺，具有韌性不易破的特質，成為書寫選紙的潮流。

隨著時代進步，造紙的技術也不斷精進，為了配合不同的書體、不同的筆法，篆隸楷行草的書寫速度，對應到紙的吸水性、滑順度，差別很大，選錯紙張就像山路和高速公路選錯了車，事倍功半。（左列書畫紙歸類，提供選紙的參考準則）

書畫紙歸類，作為選紙的參考準則：

■長織（棉紙）：樹皮製、重複畫不易破損、大多用於作畫，尤其渲染。

■短織（宣紙）：草類製、易破、較適合寫字，不適合潑墨。

◇生宣（不加礬）：較吸墨。

◇半熟宣（半礬）：加一點礬，小吸墨，有慢慢暈開的效果。

◇熟宣（全礬）：加礬，目的讓寫、畫不易暈，較不吸墨。

- 隸篆：蘸墨較多，故容易暈開。因此適合使用厚生宣或雙宣；墨會往內吃，不易暈開。
- 行草：用薄生宣，太厚會拖不動。
- 熟宣：用於工筆畫。
- 半礬：多用在寫小楷或嶺南派山水畫，不易暈、拖得動，且不會很快被吸乾。

註1 楊賓（一六五〇—一七二〇）：清朝書法家，浙江山陰人，字可師，號耕夫，別號大瓢山人、小鐵，工書法，人稱「楊大瓢」，著有《柳邊紀略》、《金石源流》、《大瓢偶筆》。

註2 琳派：本阿彌光悅、尾形光琳、尾形乾山分別是日本美術史上的重要人物，他們三人都與琳派的發展有著深厚的淵源。琳派是由本阿彌光悅和俵屋宗達創始，由尾形光琳、尾形乾山集大成，之後由酒井抱一、鈴木其一在江戶確立下來，也稱作「光琳派」。

註3 韋誕（一七九—二五三）：曹魏書法家，京兆人，字仲將，是著名的書法家，工草書，有「草聖」之稱。

註4 張芝（?—一九二）：字伯英，瓜州縣人，張奐之子，著名書法家，擅長草書，更獨創「一筆書」，曹魏書法家韋誕稱他為「草聖」，歷史上尊為「草聖」，書法被稱為「今草」。

註5 左伯：生卒年不詳，東萊人，東漢書法家，字子邑，善於寫八分書，改進造紙術，所造的紙人稱「左伯紙」。

註6

硃砂：呈現大紅色，帶有金屬光澤，屬於硫化汞的天然礦石，又稱為辰砂、丹砂、赤丹、汞沙。《神農本草經》記載可養精神，安魂魄，列為玉世上品，然而主要成分硫化汞可能導致汞中毒，造成神經與肝腎病變等，因此藥物已被禁止使用。

02 書法跨越視覺藝術

書法，毫無疑問是視覺藝術的範疇，但僅止於此嗎？

書法講究的是筆韻，而且八大書體在書法家的揮灑下各能表現不同筆韻，別具一格，一眼即可看出是誰寫的。

尤其書法是由文字組成，在視覺藝術的範疇外，多加了一層文義的傳達，因此人們在欣賞書法時，也讀它的詩詞字義。詩詞字義配合不同書法家、不同筆韻而有不同的感覺，那感覺已不再只是視覺藝術，它是一種思想和視覺的組合，這也就是書法耐人尋味的地方。

字這麼小？原來古人這樣寫字的！

古代，讀書人日日與毛筆相伴，筆之於他們而言，就像是農具之於農夫，他們用筆為鋤，將紙作良田，用墨在紙上勞作，完成曠世佳品。毛筆，對文人來說，就是平凡日常的書寫，都是一種彌足珍貴的抒發。

一支好筆不只是取決於筆毫，筆桿也是其中至關重要的一環，書體的流變與形成可能與此息息相關。每次到故宮看到古人寫的字，小得可以跟一粒米相比，不禁納悶：「古人的字都這麼小嗎？」這可以從出土的簡牘帛書中一窺究竟。

「簡」的尺寸大多為長條形，長度大約在六公分到十多公分之間，寬度卻連一公分都不到，它們可不像電視劇裡演得那樣寬大厚實，根據測量，一個字僅僅只有〇．二至〇．五公分左右，一般小楷也寫不出這麼小的字啊！

原因就出在古代能夠拿來書寫的紙張很少，可用來書寫的材料只能就地取材，這些材料不外乎樹皮、竹片等，但平整的部分很少，想要多寫幾個字，就必須將字寫得細小，因此筆桿越細，運筆的筆跡自然就會小了許多，仔細觀察會發現，就算字再小，每個字的起、行、收等動作都交代得相當完整。

都說「古來無大字」，果然事出有因，就拿最經典的《蘭亭序》、《祭侄文稿》來說，甚至是王羲之【註7】的尺牘都是小字啊！想想今日各式紙張、各種尺寸，隨意揮毫，好不快意。

毛筆收藏，盡顯身分品味

過去，寫得一手好字，可以贏得官職地位；如今，書法不再是求取功名的利器，毛筆不再被大眾拿來當成日常書寫工具，反而成為休閒娛樂、修身怡情的雅好，更成為藝文人士的品味收藏。

左一、左二為用沉水沉香木製成，價格不斐。左三為羊角製成，旋轉造型還頗為順手。
左四為葫蘆製成，柄輕，造型天然。其他也是各種奇形怪狀的筆桿。

認識張文昇老師之後，每週六的「談筆論藝」時間，是我期待的放鬆時刻。一路下來，漸漸深入認識毛筆，每當遇到販售毛筆的店家，總會不自覺地被毛筆筆桿精美的裝飾吸引住目光。

毛筆的製作到明清時期達到歷史巔峰，統治階層所使用的毛筆，製作上精緻華麗，表示著他們身分地位「高大上」，風尚所至，民間使用的毛筆，便十分注重裝飾和美觀，在筆桿的紋飾上，達到了前所未有的豐富。

《文房肆考圖說．筆說》一文說道：「漢制筆，雕以黃金，飾以和璧，綴以隋珠，文以翡翠。管非文犀，必以象牙，極為華麗矣。」

顯而易見，清代筆桿的裝飾製作，已達到精湛完美的工藝水平，文人雅士以收藏精美毛筆為雅趣，此時的毛筆不僅作為書畫工具，時常是當作餽贈心儀賢者的藝術品，以表達敬重。

因此，清代毛筆是一種送禮與身分的象徵。

夢到毛筆，是一個好兆頭？

「我昨天夢到毛筆，這是有什麼含意嗎？」一天，與朋友話家常時，他突然說道。

那天下午，我們都當了一次周公，個個為他進行解夢。

說到夢見毛筆，我便想到曾經聽過「江郎才盡」的故事。

江淹在年少時，就能寫得一手好文章，不僅官職做到光祿大夫，在文壇上還享有盛名，大

家都尊稱他為「江郎」。但到了晚年時，他的文筆卻變得平淡乏味，毫無特色，作詩也退步了。

便有傳說，稱他某夜在冶亭獨睡時，夢見一名自稱是東晉的大文學家郭璞朝他伸手，並對江淹說：「我有一支筆放在你那兒已經很多年，現在可以還給我了吧！」江淹往懷裡一探，果然找到一支筆，隨即將筆歸還給郭璞。

從此以後，江淹便文思枯竭，再也寫不出好的詩句了，這是「江郎才盡」的典故由來。但也可說是江淹失去了一支好筆，怎麼寫都不順手，寫不出好字，也就沒有靈感，因此寫不出好詩詞了。

但是，夢到筆的徵兆，更多的是吉兆。

據說當你夢見毛筆時，預示著做夢者在財務上會有好事發生，也表示你是十分注重傳統文化的人，非常適合從事寫作方面的工作，成為一名文人。

若是學生夢見毛筆，便預示著在學習上非常用功，努力便可以得到相應的回報，考上理想的學校；若是上班族，則預示著職位將會往上一個階層調動，薪水自然水漲船高。

這些筆的機樞兆頭，不妨當作一種趣談。

胎毛筆，纏繞著祝福

大家一定聽過胎毛筆，這是唐代以來存在的製作習俗。

所謂的胎毛筆是嬰兒出生後第一次理下的頭髮，所作成的毛筆，古人認為胎毛具有靈氣，

可以避邪，故用來製作成毛筆，更具紀念意義。

但是每個人的胎毛筆，一生只有一支，所以胎毛筆並不適合拿來練書法，只能作為紀念品收藏。

「為什麼做胎毛筆？」

「因為想要子女成材啊！」

古代，入朝為官是光宗耀祖的大事，因為當官需要考科舉，一手好字增添生色文章，而毛筆便是獲取加分的工具；因而「筆」代表著文化知識，以胎毛製筆便是祝福孩子長大後，能夠獨占鰲頭。

胎毛筆又名「狀元筆」，相傳唐朝時，有一名書生因為家境貧窮，買不起毛筆，便找來一撮胎毛及動物毫毛，自行製成毛筆。後來上京赴考高中狀元，從此民間便認為是胎毛的靈氣讓他高中，便把胎毛筆稱為狀元筆。

寓意吉兆的典故，讓家長希望為孩子留下永久的紀念，並藉孩子自己的毛髮之筆，福澤他的輝煌人生。

胎毛筆又分二種，一種是可寫，一種是不可寫。有些孩子髮量少，就混入狼毫做成可寫的胎毛筆；另一種髮量多的，則做一支純胎毛筆，此種筆不可用於書寫，毛性太軟毫無彈性，僅供紀念；還有剩下的毛，才加入狼毫，再做一支可寫的胎毛筆，那就更加有意義啦！

古人運筆之奧妙，在於「力」

整個書法藝術體系中，用筆是十分重要也很複雜的事，清代周星蓮強調「用筆貴用鋒」，筆毫的末梢就是「鋒」。擅長用筆者，筆鋒挺而健，能夠掌握指腕的力量。他們講究的是，利鋒可以出勁險，意思是力透過紙背，這種力是轉筆「取勢」的力，不是用力的力，取勢是一種準確控制快速發力的圓滿境界。

這種取勢的「力」，無疑需要迅速、果敢、順手的筆。不管我們翻到古人論書的篇章，每個形容書寫動作快速、用筆力量遒勁有力的比喻舉目皆是，諸如「龍威虎震」、「銀鉤蠆尾」、「鸞跂鴻驚」等，不勝枚舉。

事實上，勁險的「取勢」需要的是「速度」。筆的運行速度，指的是筆運行的疾澀與快慢，但「疾」並不代表一味追求速度，仍然需要行筆的技巧。一般而言，寫楷書時，速度要慢些；想要擁有行草的靈動，書寫行草時，則要快些，展現正書的穩重。

筆的運行速度並非一成不變，而是要根據書體時緩時急，交替前行。古人運筆的奧妙之處，就在於對筆鋒的控制，一支筆在手中轉動，你想要它起就起，要收就收，無論是什麼樣的筆劃，均可以下筆成形，筆勢自然。所謂「用筆千古不易」，正是如此。

洗筆的講究

前面提到了毛筆的選擇多麼重要。筆毫是運筆書寫的重點，但想要維持毛筆的壽命，如何

午後品香

洗筆是至關重要的一環，這也是初學者容易忽略的問題。想要寫出滿意的作品，適手的毛筆是關鍵。所以，在文房四寶當中，毛筆最需要被捧在手心珍惜。

硯台可以隔段時間再清洗，隔夜的墨，謂之宿墨；毛筆就萬萬不能偷懶，每次用完都要認真清洗一次。當墨水乾掉之後，墨汁中的膠會凝固筆頭，久而久之，筆毫發脆，容易斷裂，筆桿裂開，甚至彎曲而無法使用。

洗筆的過程中，筆頭始終需要朝下，用手指輕輕撥弄筆毫，千萬不能用力搓洗，以免造成筆毫損壞。那麼要洗多久呢？把毛筆提出水面，用手指輕輕擠壓筆毫，當滲出的水沒有過多墨色，這支毛筆基本上就算是清洗乾淨了，最後只要把殘存的水用手指或衛生紙擠出，洗筆就完成了！

毛筆洗完後，筆頭不能向上放置，殘存的水分會下滲到筆桿裡，導致筆桿裂開，最終使筆頭脫落。因此，儘量將筆頭向下懸掛，這樣毛筆會自然烘乾，筆毛分散，便於下次使用。

不過，聽說大師黃賓虹【註8】作畫結束後不洗筆，反而在衣襟上擦乾，是因為筆裡的墨汁已經用盡，但我們畢竟不是大師，無法做到他的水準。回頭還是好好洗筆，因為好的毛筆價格必然不菲，若想要寫出滿意的作品，自然得仰仗好毛筆，因此，毛筆是文房四寶當中，最需要大家好好珍惜。挑對毛筆、善待毛筆，久了自然就會寫得愈來愈順手，好作品就會應運而生。

註7
王羲之（三〇三—三六一）：東晉時期的書法大家，有「書聖」之稱。王羲之在書法史上有著深遠的影響，被後人譽為古今之冠，其代表作《蘭亭集序》被譽為「天下第一行書」，但真跡皆已失傳，如今我們看到《蘭亭集序》皆為後人所臨摹的帖子。與其子王獻之合稱「二王」。

註8
黃賓虹（一八六五—一九五五）：名質，字朴存、朴人，別號予向、虹廬、虹叟，中年更號賓虹，以號著稱，為中國近代山水畫畫家。

03 倉頡作書？——其來有「字」的緣由

相傳倉頡【註9】造字的當下，一時驚天地、泣鬼神，彷彿點燃一道熊熊火光，將原始和文明給區隔開來，人類從此告別了結繩記事，進入符號文字新紀元。

由刻到寫，字與筆的傳承流變

從符號一路演變為文字，源自人類生活記事的基本需求，那些符號像是日夜、買賣、卜筮、醫方、地誌、山川的流向與更迭。

正所謂有字就有筆，那麼過往是用什麼「筆具」來紀錄呢？儘管古時拿的可能是金石、鐵棍或尖木來鑿刻輪廓，當然這些也是筆的一種形式。

明代羅頎【註10】《物原》記載：「伏羲初以木刻字，軒轅易之以書刀。虞舜造筆，以漆書於方簡。」正好說明了筆的演化，慢慢從木頭、石刀，才真正有了毛筆，轉「刻」為「寫」，成為後世蘸墨書寫的基底。

說到這裡，就不得不追探毛筆的起源，相傳秦國名將——蒙恬【註11】使用枯木作為筆桿、鹿毛為筆毛，發明了筆。不過根據近代的學者考究，發現出土文物早已顯示，就在新石器時期，陶器上就有類似於毛筆的筆鋒花紋，使用類似筆的工具繪製出圖案，甚至有些像是先書寫、後契刻而成；商代的甲骨文中，也曾出現過「聿」這種描述握筆畫面的象形文字，「筆，從聿從竹。」正因古代毛筆的筆桿都是採用竹製，所以從竹，溯本求源，令人大為驚奇。

換句話說，毛筆作為人類悠久文化的象徵，早在西元前一千多年就曾在民間出現了，「秦以後皆作筆字」顯然只是文人的附會，而蒙恬僅是改良毛筆而已。但不得不說，他作為改良者，功勞亦不可沒。

關於毛筆的成型，大抵將筆桿一端分成多片，將毫毛夾在其中，使用細線纏繞住，最後再上一層外漆，這就是最早在湖南省長沙市戰國楚墓中發現的毛筆實體。

秦代的毛筆則是將竹管其中一頭挖空，將毫毛放入挖空的筆桿之中，最後再上膠黏緊兩者，相對於戰國時期使用細線纏繞的毛筆，製作方式有了很大的進展。

文人藉筆傳世立言

中國毛筆的筆桿大多由筆直的竹子所製成，竹刻毛筆是竹刻藝術中一項重要領域與成就，因此，筆字從竹，自然無庸置疑。

筆桿往往是毛筆收藏的重點，故宮「龍鳳管筆」正是筆桿收藏的代表之一。然而，相較裝

飾與珍藏用的筆桿，毫毛的演化，恰恰才是書體與毛筆轉變的關鍵。

身為書藝文化的工藝結晶，毛筆的樣貌經過時代的演進之下，筆毫也有了不同的嘗試，從兔毛、羊毛、狼毛，甚至胎毛，都曾被作為筆毫使用。唐宋時期，胎毛筆的製作在文人雅士間蔚為風行，甚至被視為書香門第的代表，當時由於處於書法藝術的鼎盛時期，筆毫的製作也超脫單一動物毛，進化為兩種以上的毛料。不同種類的筆毫擁有不同硬度，使用兩種硬度的毛料，可以使筆毫剛柔並濟，同時擁有軟硬兼備的書寫優點。

古代文人墨客對於筆的癡愛，除了為筆立傳，甚至為筆取上愛名，非三兩句可以說盡，因為深感興趣，便查了各個書家是如何「愛」筆！

韓愈【註12】曾將毛筆擬人化，取名為「毛穎」，煞有介事地考證其先祖寫了篇《毛穎傳》，勾勒出毛筆的身世，藉筆傳世立言，形成另一種詼諧幽默的美學。自此之後，「管城子」、「毛先生」等雅號，就在文人圈中流傳開來，一時之間，共襄盛舉。

「寫字之人豈能無筆？」自韓愈以後，中唐白居易【註13】稱筆為「毫錐」、馮贄【註14】喚為「龍鬚友」……，在在顯示文人書家對書墨工具不可化開的濃烈情感。

無聲之音，無形之相

簡單來說，好的書法，征服你的想像力。

當我們站在書帖之前駐足觀看——富有節奏感的運筆，提按轉折之間，彷彿演奏出「無聲

之音」；揮毫落紙，時而秀雅婉約，時而豪情壯闊，好像顯影出一張張「無形之相」。當毛筆發展到了極致，相對而言，跟著歷史軌跡同步前進，字體自然也會跟著演變。

書法所用文字，由簡轉繁，自勻稱端正趨於圓滑流暢，一路經歷了許多新舊並存的時光，然後才逐漸演進成為今日的模樣。當我們細數字體的易變，總的來說可歸納為以下幾大類，包括甲骨文、金文、篆書、隸書、楷書、行書（行楷、行草）、草書。

最早出現的甲骨文，主要刻劃在龜甲獸骨上，使用於商代皇室卜卦問政之時。金文則是鑄造在青銅器上的文字，又稱鐘鼎文，特色是圓渾、肥筆，氣勢雍容，此時的文字尚未脫離刻字的時代。

直到春秋戰國時期，開始出現了大小篆書，大篆為繁、小篆較簡，書體結構呈現質樸之美，寫法更趨工整勻稱。隨後，秦始皇統一天下，正式規範文字，所說的正是小篆這種規則化字體。

秦代盛行小篆之時，同時期尚有隸書通行於世，漢字的發展由古文字演進到今文字，隸書的發明可說功不可沒。隸書以前屬於古文字階段，隸書而後，今文字開始流行，化小篆書體為簡，呈現出秀麗婉約的樣態，橫豎變化，一波三折，現代漢字由此而生。

字體確立之後，隨之而來的是書體的演變。楷書的出現，除了省去隸書波磔【註15】，也是為了規範草書的漫無章法。點、橫、豎、鉤、挑、彎、撇、捺，標準方正的「永字八法」【註16】，互相呼應，一氣呵成，歸納書寫時用筆之勢。

「永」字，如果能寫出每筆的精神，通常表示書家的楷書達到了相當水平，因而成為中國

書法的藝術準則。

書體的盛行是一種趨勢，而非衍生，行書與草書曾與楷書並行不悖。行書的結構，則介於楷書與草書之間，既可以說是楷書的草化，亦可以說是草書的楷化，近楷者稱「行楷」，近草者則稱「行草」。

中華文字四千年，從用來紀錄事物到要求勻稱秀麗，書寫自此，變成了一種富含文化藝術的獨門學問，一路從百姓日常庭院、講學書院，走入學術殿堂，可以釋形考據、釋義訓詁、釋聲音韻。

這些彌足珍貴的文字傳承，帶動了筆墨書藝文化的推動，其中，肩負文房四寶之首位的毛筆，無疑扮演著文字傳承之重要角色。

毛筆，身為獨一無二的書寫工具，不僅富含淵遠流長的文化象徵意義，也在文化之中，逐漸成為一項深具收藏價值的經典傳藝。

永字八法，古代書法家練習楷書的運筆技法，分別以篆書、隸書、楷書、行書、草書等書體示範。

註9　倉頡：神話人物，相傳倉頡是黃帝史官，生有雙瞳四目，仰觀天象，俯察萬物，首創「鳥跡書」震驚塵寰，堪稱人文始祖，發明文字，成為漢字的創造者，俗稱倉頡先師、倉頡聖人、制字先師等。

註10　羅頎：生卒年不詳，明朝人，字儀甫，著有《物原》一書，介紹古代先民的發明創造，諸如筆墨、鋸子、豆腐等。

註11　蒙恬（約前二五〇—前二一〇）：秦朝名將，祖居齊國，曾掌理司法文書，相傳發明了毛筆，根據《史記》記載：「恬取中山兔毛造筆」，後經考古發現在蒙恬之前已有毛筆，蒙恬應是毛筆的改進者，一九五四年於湖南長沙發現第一支戰國毛筆。

註12　韓愈（七六八—八二四）：唐代文學家、書法家，河南河陽人，字退之，自稱「郡望昌黎」，世稱「韓昌黎」，與柳宗元是當時古文運動倡導者，合稱「韓柳」，蘇軾稱讚他「文起八代之衰，道濟天下之溺，忠犯人主之怒，勇奪三軍之帥」，曾為毛筆立傳擬人寫成《毛穎傳》，著有《昌黎先生集》。

註13

白居易（七七二—八四六）：唐代文學家、書法家，字樂天，晚號香山居士、醉吟先生，後人尊為「詩王」或「詩魔」，唐宣宗曾褒白居易為「詩仙」，故人稱「敕封詩仙」，並與元稹齊名，號「元白」，與劉禹錫唱和甚多，人稱為「劉白」。著有《長恨歌》、《琵琶行》、《秦中吟》。

註14

馮贄：生卒年不詳，後有一說並無其人，僅是筆名，著有《雲仙雜記》十卷、《南部煙花記》。

註15

波磔：書法的筆法用語，一指右下捺筆。左撇曰波，右捺曰磔；二指筆劃；三指書寫。

註16

永字八法：古代書法家練習楷書的運筆技法，「永」字筆為——點、橫、豎、鉤、挑、彎、撇、捺，按各自的筆勢以八字概括為——側、勒、努（又作努）、趯、策、掠、啄、磔。

04 入帖難，出帖更難——領略八大書體之美

過去的年代，西方人金髮碧眼的想像中，瓷器似乎與東方文化畫上等號，除此之外，書法卻是最富詩意的象徵，不只具有無可取代的歷史意涵，更賦予了與其他藝術表現融合的美。那份美如詩如舞，如話如歌，就美在垂手頓足、字裡行間的氣韻。

「無言的詩、無形的舞；無圖的畫，無聲的樂」，每一行，每一字都在形容書法獨特的藝術魅力，毫無疑問地正是一種感官饗宴。書法的美在於柔中帶剛、剛柔並濟。

有人說，書法是線條的藝術，寫書法的人將自身的情感，借用筆墨寄託在富有立體感的線條之中，自然可以讓人賞心悅目。

書法，仕途的敲門磚

許多人對於書法，多少帶點又愛又恨的小情緒。

小時候對筆墨紙硯感到新奇，到了上學期間，卻總是被追著交出書法作業，一疊疊重複練

習的宣紙，心中興起一股對書法的懇懟。然而時至中年，陡然對書法產生興趣，藉由提筆靜心書寫，儼然有禪修的幾分趣味。

書法是古代學子進入仕途的敲門磚。

以春秋戰國時代為例，「禮、樂、射、御、書、數」的六藝；唐代科舉的六個科目中，書法是必考項目之一；選擇官員還要以「四才」為標準，而書法則是其中一才。因此，對於古人來說，書法字寫得不好，就沒有資格當官，當官的人，字哪有寫不好的？書法一下子同個人前程興盛聯繫了起來。

說到書法，不免聊一下它的歷史軌跡。書法是一門獨立的「藝術」，亦是世界上歷史最悠久的「文字」，由「六書」形成，雖然中間有個象形字，終究仍歸屬於文字的範疇。

眾所皆知，文字發展的本質和企圖是一致的，是為了能夠周全地表達心中所想，後來隨著時間的演進，便由簡單的圖形轉為易於辨識的文字，再從方正轉變為圓滑、由端正趨於流暢。我們都知道，讓三歲的孩子「畫個圓」比「畫成方」更容易，可謂生來就會。因此，書體的演變無疑是為了能夠寫得方便、寫得快速。可惜的是，現代年輕人擅長的是敲打鍵盤，但是我們要是能寫得一手好字，這份藝術底蘊自能讓旁人對你刮目相看！

甲骨文是書法鼻祖？

當便利、快捷都有了之後，才是美觀。

書法的學習，與識字的路徑一樣，從來都沒有捷徑，唯一的一條路便是——臨摹。不過，我們臨摹的目的是什麼呢？就是為了可以學習到古時候人們的用筆與造型。

關於臨摹的範本，記憶中，小學時期，學校必定臨摹的帖子有柳公權【註17】、歐陽詢【註18】，最常出現的非顏真卿【註19】莫屬了。字如其人，顏真卿的字表現了他剛正不阿的性格，難怪成為書法家尊崇的對象。

倘若畫一條山峰的曲線，由左至右的坡面，可以作為書體從起源到成熟的過程，其中以最高點作為魏晉時代。而「二王」（即王羲之、王獻之父子檔）的書法帶給人一種秀麗瀟灑之感，正是中國書法史上一個無與倫比的高峰，替那個時代孕育了無數的契機，造就了曠世天才！

回想當時還是小孩兒的我，即便是用紅描帖子臨摹名家的字，只能像其形，還是無法跟書法家一樣恢弘大氣。

說到書體的源流，就該從迄今為止最早的文字——甲骨文談起。

殷商時期的甲骨文，是用契刀單線刻出文字在動物的骨頭上，為了方便觀看，則須將字拓印出來。嚴格來講，只有到了甲骨文才稱得上是書法，因為它已經具備了中國書法的三個要素：用筆、結字跟章法。在此之前，都僅僅只是圖畫符號而已。

再來是金文，一種用毛筆將字寫在模子上，等到字刻好之後，再澆上金屬溶液；另一種方法則是在已鑄好的金屬器上用毛筆寫字，再使用力氣刻之，後人拓出，這才形成我們後世所見的文字。

用印方正，構體藝術的篆書！

大篆，是西周晚期的書體，是金文、籀文、六國文字的總稱，它們保存著古代象形文字的明顯特點。等到秦始皇登基後，下令統一文字為小篆，它呈現曲線圓滿、筆劃勻稱、結構嚴謹，是大篆的簡化字體。

篆體對後世的文字和書法藝術方面，都有深遠的影響。相沿至今，可以從很多正式的紀念品當中，看見字體都是以篆書為尊，甚至我們到店裡刻的正式印章，總是喜歡以篆體為主。

然而，科技越來越進步，便民的措施越來越多，例如現在的銀行可以使用簽名代替印章；消費時，也能用手機付款了，連簽名都不用了。

即便如此，我還是習慣蓋刻著篆體的印章，尤其寫完自己滿意的作品後，在宣紙蓋上紅豔豔的落款，心中總是有一種儀式感。

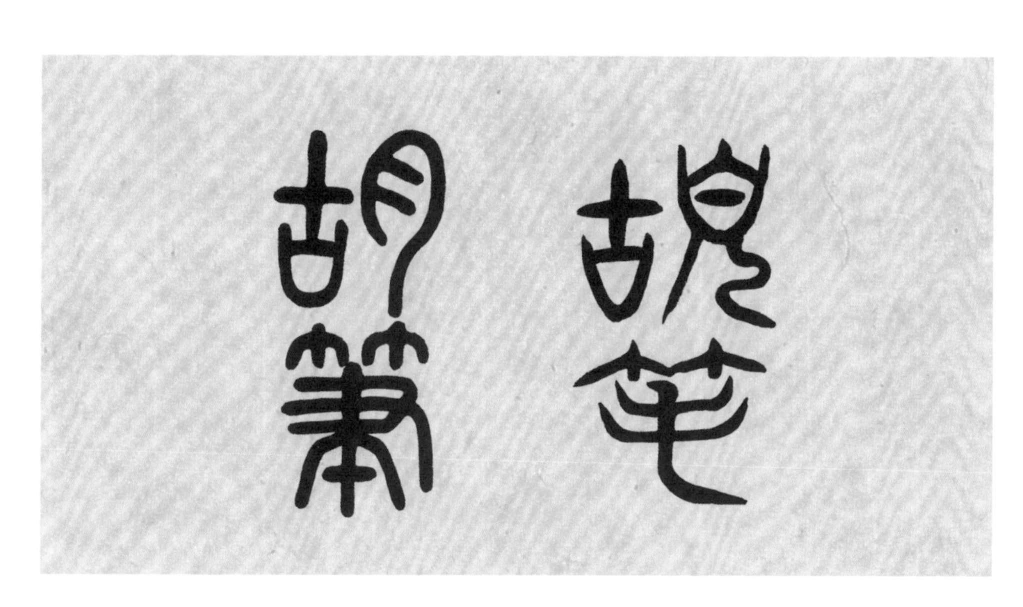

小篆　　大篆

隨著書法藝術的發展，每一種書體的筆法各不相同，篆書的筆法「俗皆喜長，然不可太長，長則無法，以方楷一字為半度，一字為正體，半字為垂腳」，不能扁，要圓，線條要虛實有力，「豈不美哉？」吾丘衍【註20】在《論篆書》便是這麼說的。

學好篆書，對學會隸書有著極大的好處。

唐朝人寫隸書之所以不如清朝人，便是因為忽視了篆書對隸書的作用，反而受到了楷書的影響。

蠶頭雁尾、一波三折的隸書

隸書的形成，又與秦始皇有關了。隸書是在秦朝末年開始流行的一種簡化書寫方式的字體，「案隸書者，秦下邦人程邈所造也。」性格耿直的程邈因得罪了秦始皇而入獄，因想戴罪立功，便想到入獄之前曾經當過獄吏，當時政務文書繁複，但小篆本不便於速寫，還費時費事，影響了工作效率。

於是，程邈簡化了篆書，將小篆改圓為方折，使中國文字脫離了象形，成為符號化的文字系統，創造出了容易辨識又書寫快速的隸書三千字。秦始皇看了之後大喜，不僅免了程邈的罪，還將他提升為御史，因這個官職很小，屬於「隸」，因而人們便把他編纂整理的文字稱為「隸」。

這個書體的出現，是書法史上的一次重大改革，此後就逐漸成為官方書體了。

隸書最明顯的特徵就是「蠶頭雁尾」，書寫橫劃中的起筆猶如蠶頭般，收筆有如雁尾般，因簡便需要，所以有別於其他的字體，那顯眼的波挑，相較於篆書，給人一種輕鬆飄逸的感覺。

因字形扁寬，加上左右平衡延伸，讓隸書體看起來穩重，而其典雅大器的美感，成為許多國際精品、珠寶商的手寫證書、貴賓邀請卡御用字體，無論是利用傳統毛筆，或是西方的鋼筆書寫，都可以讓拿到卡片的人感受到物品的隆重尊貴。

楷書，習字的基礎

我們再把時間調到魏晉時代。

現在一提到楷書，馬上就會聯想到唐代的歐陽詢、褚遂良【註21】、柳公權、顏真卿等人，那時候對於楷書的定義，與後世不太一樣。

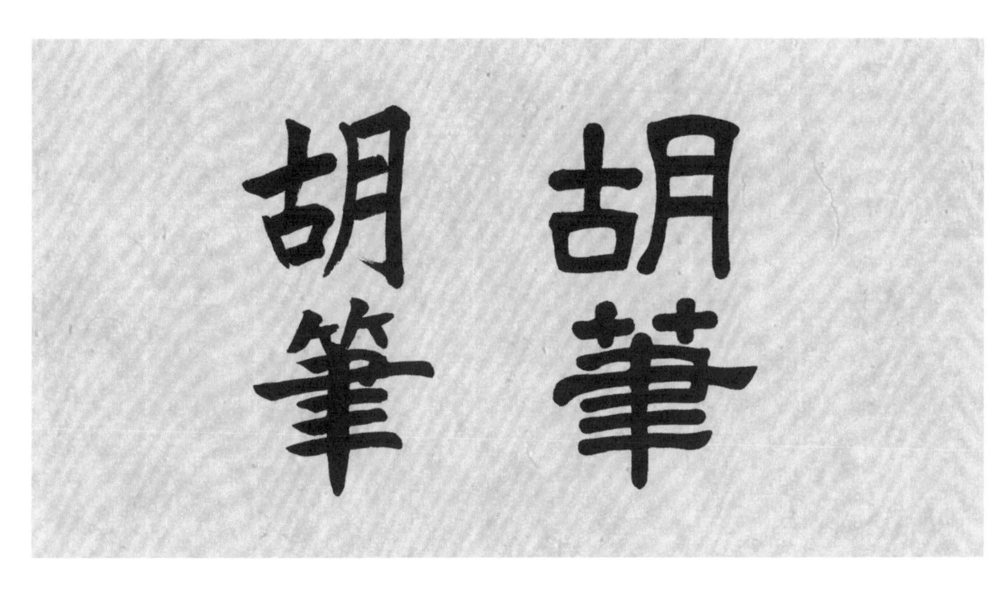

楷書　隸書

魏晉時期，楷體並不叫作「楷書」，當時稱為「正書」、「真書」。正書規範了點、橫、豎、撇、捺、折、鉤，一點一劃均有規矩法則，後人便以此為楷則。其實，我們從名字就可以發現，楷書就是「可作為楷模」的書法字體。

剛開始學習書法時，經常拿楷書當作是基礎練習，因為它的形體是我們最為熟悉、經常可見的字體，再加上字形的端正、結構的謹嚴，一筆一劃寫得端正工整是基本要求，若想再學其它的書體，就會事半功倍了。

唐代是書學鼎盛的時代，帝王均享有善書的名號，加以政治、經濟、文化的發達，俗稱「盛唐」。而楷書亦如唐代國勢的興盛局面，真所謂空前絕後。書體成熟，書家輩出，在楷書方面，唐初的虞世南【註22】、歐陽詢、褚遂良、中唐的顏真卿、晚唐的柳公權，其楷書作品均為後世所重，皆奉為習字的模範。

明代的書法家豐道生【註23】認為「學書須先楷法，作字必先大字」，從大楷開始學起，如此一來便可以「足於氣而佈局促」，接著便可以學習中楷，以歐陽詢為臨摹對象，最後才是小楷，則以鍾繇為範本。不過，近代的書法家釋廣元則認為，初學寫字，中楷便可以了。

行書，書法大家的摯愛

在漢字的書體中，以書寫行書者居多，歷代的書法家細數下來，精於行書的大家也最多。

行書介於楷書和草書之間，沒有草書的難寫、難以辨認與放縱不拘，也不如楷書的嚴謹端

莊與中規中矩。行書是在楷書的基礎上發展出來的簡便書寫的書體，運用部分的草書，簡化了楷書的筆劃與筆形，同時草化了楷書的結構。因而成為實用性最強的書體。

行書又稱為「形押書」，相傳當時草書盛行，大都是用草書簽名，結果太過潦草，導致看不清楚、容易混淆，官方因此下令禁用草體，才能讓人看清簽名的是某人，造成形押書的產生。

王羲之是最具代表性人物，他的《蘭亭序》公認為天下第一行書。當時，唐太宗十分欣賞王羲之的作品，因而要求下人到處蒐集保留，甚至讓真跡跟著他一起陪葬，因為唐太宗的私心，所以我們現在只能欣賞到臨摹的作品了。

由於行書介於楷、草兩者之間，依照書寫者的情緒與情境而有不同的變化。當

行書

心平氣和時，便可以偏楷而成行楷；意氣風發、情緒高昂時，則可偏向草書，而成行草，隨意發揮。全部的書體中，行書被認為是創作者抒發性情與流露情緒的一種書體了！

前一陣子有一波「寫字潮」，大家都相中了行書體，時至今日，許多人紛紛拿起了筆、寫起了行書，原因就在於它的流暢灑脫。

說了這麼多，需要特別注意的是，行書雖然書寫自由，卻不是隨便就可以寫得好看，還是必須練好楷書的基本功，才能寫好行書。

所以重點還是，耐心、靜心，和初心。

草書，歲月砥礪的書體

草書的起源，自古以來眾說紛紜，至今還是無法確認何時何人所創立。

草書

不過可以確定的是，草書原意是「用以赴急，本因草創之義，故曰草書」【註24】，就是寫得草率、快速的字體。為了發揮速寫功能，較為省略草率，自然不能工整，草草寫成，因此這種潦草字很難用於溝通交流，而且時間只要一久，就連書寫者自己都難以辨識。

不過，我們現在看到的、說的「草書」，是指文字統一，經過整理、美化與規劃後，可以當作溝通交流的「章草」、「今草」。

「章草」源出於隸，是由隸書速寫而成，因此帶有一點隸書的味道，但因為過於簡約，還是無法取代隸書成為官方字體。後來，草書在楷書的基礎下進一步發展，筆劃之間開始勾連，上下之間也可以連寫，隸書筆劃的某些特徵消失了，形成「今草」，是現今所流通的草書。

雖然草書狂放不羈、結構簡略，但並非隨心所欲地胡亂揮灑；草書仍有一定遵循的原則，必須顧及書寫時，前後文字的連貫、筆法及轉折，因此是需要基礎扎實的一種書體！

前面提到書法曾是中國讀書人的必修課，在時間的演進下，逐漸發展成為一門獨立的藝術。任何一種書體從萌芽到成熟，都需要歷經歲月的砥礪和洗禮，才能讓我們領略到書法之美。

今天，書法滲透到我們的生活當中，不論是街頭的廣告招牌、報刊的題名、過年的春聯，幾乎到處都能見到書法的蹤跡。書法的影響力度，可見一斑。

註17 柳公權（七七八—八六五）：唐朝的大書法家，不僅是顏真卿的後繼者，其書法體惟懸瘦筆法，自成一格；後世以「顏柳」並稱，成為歷代書法楷模。柳公權的書法在生前便負盛名，民間更有「柳字一字值千金」的說法。

註18 歐陽詢（五五七—六四一）：與虞世南、薛稷、褚遂良並稱「初唐四大家」。他的楷書無論用筆、結構都十分嚴謹，成為後來書法初學者經常模仿的對象，被稱為「唐人楷書第一」。後人更將他的楷書結字規律歸納出「歐陽結體三十六法」。

註19 顏真卿（七〇九—七八五）：唐朝政治家、書法家。與歐陽詢、柳公權、趙孟頫並稱「楷書四大家」。

註20 吾丘衍（一二六八—一三一一）：又作吾衍，字子行，自號真白、竹房、竹素，別署真白居士、布衣道士，世稱貞白先生。元代金石學家，被認為是印學的奠基人。一生著述甚多，其中《學古編》被視為「印學之母」，為篆刻藝術史上最早出現的印論經典。

註21 褚遂良（五九六—六五八）：唐朝政治家、書法家，初唐四大家之一。擅長將虞、歐的筆法融為一體，方圓兼備，舒展自如。

註22
虞世南（五五八——六三八）：唐朝詩人、書法家，初唐四大家之一。編有《北堂書鈔》一百六十卷，被譽為唐代四大類書之一，是中國現存最早的類書之一。

註23
豐道生（一四九二——一五六三）：初名坊，後更名道生。豐道生博學工文，尤精書法，恃才傲物卻懷才不遇，獨好於造假書，晚年窮困潦倒，貧病交加，後因勞累過度，得精神病而死。

註24
語出：西晉衛恆《四書體態》。

05 巔峰究極，如是筆毫風華

「我該買哪一種毛筆？」

「選擇毛筆不必求貴，但一定要求對。」在我選擇毛筆的當口，一位書法家朋友在旁邊輕輕地說了一句。

「只有剛剛學毛筆字的人，才會以為越貴的毛筆就越好用。」那位朋友拿起一支毛筆對我說。

所以說，毛筆選得不對，大大影響運筆的流暢，尤其是筆韻，選擇適合自己筆韻的筆，就顯得重要多了！然而最重要的問題是，根本沒有地方有那麼多的筆給你挑。

古時候，上至皇帝，下至平民百姓，都會借助毛筆來揮灑自己的奇思妙想，宣洩情懷。

文字應運時代而生，毛筆於是承接文字的多元化發展而成，今天書寫毛筆，不只是情緒的宣洩、心情的表達，更有人用書寫來靜心養氣。

從器械世界尋出古物風華

毛筆對書法人來說，就好比劍客手中的寶劍，文豪手中的那支筆，其重要性不必我多贅述，光是工具的選擇，就可以琢磨半天了。

現在，我們就從工具開始談起。

年屆知天命之年，從器械世界開始尋出傳統的古物風華，幾年下來，收集了不少沉香、角弓、硯台、花器、普洱等，也進入書寫的天地裡。手中的筆在宣紙上提頓、轉折，要方要圓隨心所欲，得心應手。

毛筆寫出的字，令其他書寫工具皆望其項背。但是在書寫中，常常苦惱於筆禿了，卻無法立即尋得合宜適用的筆，於是下定決心要來了解筆。從翻閱古籍探求，最早的毛筆究竟是誰發明的？查了許久，說得最多的還是蒙恬製筆，其實從前面單元，已經推翻這種說法。

然而就算追查出毛筆的出處，仍是無法得到好筆的來源；秉著科普研發的精神，多年齒輪手工具製造的專業，讓我興起用分類定規方式，研發一套誤差在彈性正負百分之五以下的「胡筆標準檢測儀」。

俗話說：「工欲善其事，必先利其器。」想要寫好書法，除了不斷地臨帖、端正姿態，成就書墨人生的第一步，乃是擁有一支好筆。更正確地說，擁有一支適合自己習性的毛筆，而且依據一種標準能製造出筆性穩定，且千百年永遠不變的筆，讓每一次創作都能得心應手。

毛筆不求貴，但求對

再度拿起筆的我，本著「探索」的精神，仔細搜尋了關於「毛筆」的知識，想要找出一支適合我的筆，成為一個能夠慧眼識「筆」的人。

該怎麼判斷一支好筆呢？古人總結了毛筆的「四德」——尖、圓、齊、健，就像君子有「禮義廉恥」四德一樣，微言大義。

翻了這麼多複雜的資料，最後整理了一個結果：一支好的毛筆，主要取決於筆頭的毛，筆桿只要不彎就好了！檢視筆頭的好壞，有人說端看色澤是否一致，或毛色的來源講究，但不可否認，筆毫是最不可忽視的一環。

不同階段、不同水平，學習不同的書體，練習的字大小也不同，對應的毛筆就會有不同的選擇跟考量。

毛筆可以選擇的種類很多，但根據筆性大致可分軟性、硬性和中性（在胡筆標準裡稱為標準），再依筆法習性又分長毛、中毛和短毛，三種長度乘上三種硬度，即每種筆徑有九種筆性，足可應付各種變化。至於毛料的選擇則統一選用狼毫【註25】，再依不同筆性配上羊毫、豬鬃等不等比例調配不同的彈性，但是長毛到了筆徑十六公釐以上已沒有狼毫可用，只有採用豬鬃、羊毫、尼龍毛等混配而成；中毛是十七公釐以上；短毛是二十公釐以上。

很多初學者選擇毛筆，往往都會買很貴的毛筆，誤以為是最好的毛筆，可以讓自己寫出美字。實際上，毛筆的好用與否，與價格的貴賤沒有關係。現代毛筆偏重賣相，很多毛筆的筆

桿做得非常漂亮，但筆毫裁得淺，出鋒又細又長。

「寫字時，一點勁兒都沒有，只有剛剛學毛筆字的人，才會以為越貴的毛筆就越好用啊。」那位朋友拿起一支毛筆對我說。

所以說，毛筆選得不順手，就要耗費不少的力氣；選擇適合的毛筆，就省事多了！

如何挑選對的毛筆？

毛筆說白了，就是一種書寫工具，工具的重要屬性就是「順手」。要找一支順手的筆，就要根據自身的書寫習慣、字體去做選擇。老書法家經過幾十年的摸索，掌握了自己用筆習慣，深知哪一種才是適合自己的筆；對於初學者來說，選擇適合自己的毛筆尤其重要。

經過和張文昇老師探討依各種筆法，配合胡筆標準的設計分類，這裡做出了一張選用建議一覽表：

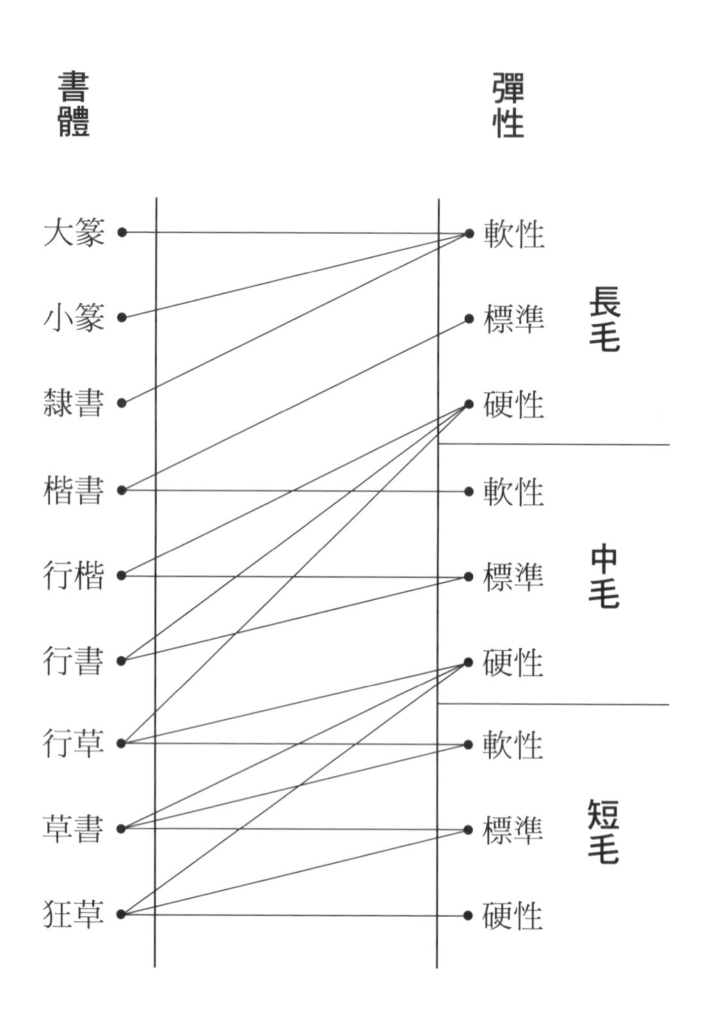

各種筆法建議選擇之筆性一覽表

每人依據個人習慣書體、書法風格或要學習的字帖，選用適合的毛筆，例如：書寫楷書時，建議選用長毛的標準彈性，或是中毛的軟彈性，因為若是太硬的筆，收尾不易控制。書寫隸篆時，建議選用長毛軟彈性的筆，這款筆的最前面五分之一處有羊毫的軟度，轉筆容易、收筆自如。書寫行書，建議選用長毛硬或中毛標準彈性。草書則建議選用中毛硬彈性，或是短毛的軟彈性和標準彈性皆可。至於狂草的行家，只有中毛的硬彈性和短毛的硬彈性，足以滿足豪邁的收放狂勁啦！

當然，這只是一種標準的建議，每位書法家皆可選用其它彈性，書寫不同書體，進而創造一種獨特的風格、專屬的書體，那才是豪氣的挑戰。

市場上的毛筆有各種型號，讓人眼花撩亂，不過仍有其規則可循。一般的商家都會依照字體大小與書體的要求，分為小楷、中楷、大楷。就算知道自己適合哪一種毛料製成的筆，又該怎麼從眾多毛筆中，挑出一支「好」筆？

當店家可以試寫時，直接上手試試，是最直接的辦法。

筆肚與試腰的關鍵

一支好筆除了看筆毫的長短之外，關鍵在於「筆肚」與「試腰」。

將毛筆蘸墨以後，筆肚渾圓飽滿才算合格。這代表了毛筆的蓄墨量足，不論是向哪一個方向書寫，都可以保證書寫過程中，線條的穩定，不會出現時而斷墨，時而暴衝的情況。

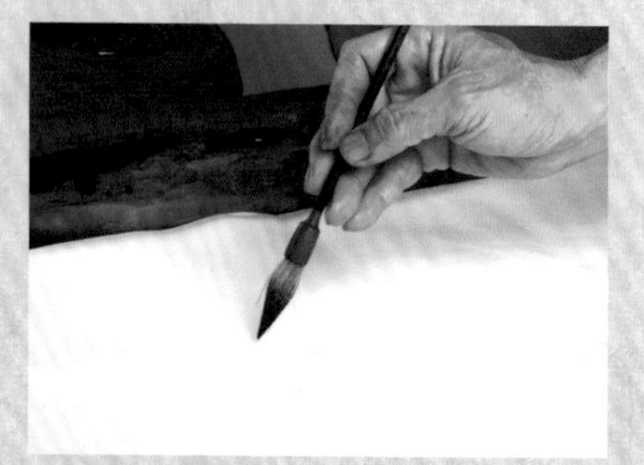

（一）毛筆蘸墨，準備書寫

（二）筆尖接觸紙面

（三）將筆毫順勢重壓

（四）隨即提起，使筆立即恢復原狀

透過一連串的「試腰」過程，測試尖、頸、肚的書寫彈性，再依書寫不同字體所需的筆性，採用不同的毛料配比，反覆驗證乃得出「胡筆標準」規格化的毛筆。

當然，你的手也得夠穩。

所謂的「試腰」，顧名思義就是試一試毛筆的腰力。將筆毫重壓後提起，能立即恢復原狀，就代表筆毛彈性好，可以運用自如。一般而言，狼毫彈力較羊毫強。

一般來說，越靠近隸篆，長度要越長、筆肚要越軟、彈性壓力要越小，筆才好控制與表現。字體的剛柔轉折，若越靠近草書，則要選擇長度越短、筆肚越硬、彈性壓力越大的毛筆，便可在快速提按中收筆自如、蒼勁有力。

一般書法家只要了解挑選原則，就能找到適合自己的毛筆。若還是初學者，因為從楷書開始練起，建議可以選擇筆性中間偏軟的毛筆，收筆較為容易，而筆尾較柔順，可以呈現字體的端正嚴謹。

開始寫較難的隸書、篆書的人，則大多選擇長軟毛，甚至最軟的純羊毛。然而，純羊毛幾乎沒有彈性，在收筆時需要更高超的技巧。

不過，仍有許多人已經習慣使用純羊毛書寫隸篆，因為注意到這一點，所以特別挑選了許多種羊毛，經過多次的挑選與檢測，製作出一款長軟羊毫筆可以有一些彈性，使書寫隸篆新手在收筆上多加了一些彈性助力，讓初學者更容易上手，隨心所欲。

與張文昇老師的「毛筆對弈」中，得知幾個挑選毛筆的原則：先決定字體大小，再選擇尺寸，最後依據書體，參考筆肚的軟硬，進而挑選出一支適合的筆。此原則順序提供各位作為參考，各人可依自身的習慣，再進行軟硬長度的調整，亦有另一番樂趣。

為了因應所用，經多年反覆測試研發「胡筆標準」製作出的毛筆，從四到二十一公釐共十八種尺寸，每種尺寸分三種長度，每種長度分三種彈性，計一百六十二種筆性，適以滿足書畫專業人士的各種需求，正是希望透過規格化「胡氏標準‧張文昇製」的毛筆，讓書法愛好者、愛筆之人可以在眾多編號筆序中，找到專屬於自己的一支好筆，讓這支筆為自己傳家立言。

以筆徑十六公釐（Ø 16）作為舉例，長度不同、筆肚的軟硬不同，皆會影響彈性壓力，自然也會影響寫字的效果（下一部將深入分享胡筆標準的檢測與製程，以及不同筆徑和彈性所書寫出的毛筆字）：

Ø 16	筆肚	彈性壓力
短	硬	324g
	標	249g
	軟	192g

Ø 16	筆肚	彈性壓力
中	硬	280g
	標	215g
	軟	165g

Ø 16	筆肚	彈性壓力
長	硬	241g
	標	185g
	軟	143g

註25

狼毫：使用黃鼠狼的毛料所做的毛筆，古人發現黃鼠狼尾巴上的毛細膩有韌性，是製作毛筆的理想材料，因而得名。

06 不遠千里，尋筆有講究

身為工程背景出身，本人正是標準的「工具控」，若是工具不對，做事就渾身不對勁、不順手。我是如此，更何況整天拿著筆的文人呢？

毛筆作為文人日常書寫工具，所謂的「工欲善其事，必先利其器」，已經充分說明了工具的好壞牽動結果的成敗。

換句話說，毛筆的選擇會影響到書法水平的發揮。

古代工具控代表——歐陽詢PK王羲之

自從開始沉浸在書法世界後，常聽到一句話：「善書者不擇筆。」這句話看似挺有道理，但仔細想想卻又覺得過於武斷。

一開始我不懂，只覺得歐陽詢這話頗有一番見地，直到開始練字後，才知道為什麼越是書法大家，便越重視選筆和用筆，甚至，有的大師用的都是專門訂製的毛筆。

毛筆是古人的日常書寫用品，想要寫得順手，講究一點是必然的事。翻閱了一些古籍，我發現不論是王羲之、柳公權、黃山谷【註26】、蘇東坡【註27】到趙孟頫【註28】，歷史上的這些書法大師，都留下不少尋筆的有趣事蹟，由此便可知曉尋得一支好筆的難度。

王羲之曾明確指出，寫得一手好字與毛筆之間的關係，善書者不但擇紙筆，還要精選紙筆。舉例來說，寫草書，要使用彈性強一點的筆，書寫速度快，選用表面滑的紙，行筆流暢、有勁。寫隸篆，書寫速度慢，可選柔性一點的筆、厚而吸水性強的紙，紙筆若是不對，絕對寫不出好筆韻。

根據史料記載，王羲之本身就會製作毛筆，用現在的話說，就是自己給自己訂做毛筆。由此可見，王羲之絕不是一個寫字不擇紙筆的人，反而是對紙筆要求很高的一個人。

把時間拉近到現代，張大千【註29】、臺靜農【註30】等人都相當重視「擇筆」的功夫，筆的好壞，更是直接影響作品的整體表現。

連這些大師級的人物都很重視毛筆的選擇，我們怎麼能到書局隨便挑個一支，就以為自己可以寫得一手好字了？

古今大師千里尋筆，行走江湖執筆為刃

唐宋古文八大家之一的歐陽修，在〈試筆〉一文提到：「明窗淨几，筆硯紙墨，皆極精良，亦自是人生一樂。」

唐代採以兔毛所製的筆為上選極品，專門進貢獻給皇室貴族，人生可遇不可求，號稱「紫毫」，就連「詩魔」白居易都寫過一首樂府長詩，以筆為刃，藉由〈紫毫筆〉來稱頌文人氣節與風骨的難能可貴：「紫毫筆，尖如錐兮利如刀。江南石上有老兔，吃竹飲泉生紫毫。宣城工人采為筆，千萬毛中揀一毫。毫雖輕，功甚重，管勒工名充歲貢，君兮臣兮勿輕用，勿輕用，將如何？」

一支優質毛筆，對文人雅士的重要性，不亞於武林高手的神兵利器。然而，許多藝術家、書法家仍只是片面了解毛筆，對於真正理解材料與工序的人，可說是少之又少。

有幸，我在建國花市碰到張文昇老師現場揮毫，深受震撼，輾轉找尋到他的毛筆工作室，每週固定與張文昇老師見面談書論藝，從字體，一路談到毛筆，藉由他的分享，更加熟悉了毛筆之間的差異性。

要說對毛筆的熟悉度，張大千肯定是近現代書畫家中的佼佼者，他的一生與筆墨為伍，對於用筆極為講究。曾為了找到符合自己需求的毛筆，跑遍了各地尋求毛料與筆工，並且製定了不少的專屬毛筆。

據說，張大千特別喜愛用上海楊振華所製之筆，每次訂製必定以大中小五百支起跳呢！

張大千眾多的毛筆收藏中，最為人所熟知的，便是在日本訂製的山馬毫筆與費心收集牛耳毫的「藝壇主盟筆」。根據謝家孝《張大千的世界》一書，張大千在倫敦聽到朋友告知一種相當不錯的貂毫水彩筆，便萌生到日本收購這種毫料，訂製毛筆的想法。

千萬毛中揀一毫，經過逾十年的反覆推敲測試，針對筆的各種特性、書寫的需求，終於得出 162 種規格的無與倫「筆」。

然而，經過一番探查後，發現這並不是名貴的貂毛，而是來自黃牛耳朵內的毫毛。這種毫毛需要兩千五百頭黃牛，才可以蒐集到一磅的牛耳毫，因此，由此毫毛製成的筆相當珍貴啊！

善書者不擇筆？歐陽詢也精挑毛筆

中國書法講究神韻，一支好筆，對於使用者格外重要。

王羲之出身在名門望族，書法名家輩出，用的筆也多是珍貴的材料，相傳大書法家鍾繇和王羲之都是用鼠鬚筆。這種筆的儲墨效果一般，筆毛卻很挺健，寫出來的字挺拔有力，骨力雄強！因此，深受王羲之的喜愛，甚至絕世佳品〈蘭亭序〉都是由「鼠鬚筆」所寫成，讓後世人對這支奇特毛筆的興趣不曾停止。

說出「善書者，不擇筆」的歐陽詢，真的不挑選順手的毛筆嗎？事實上，歐陽詢不僅精擇毛筆，還是初唐名家中具有獨特品味的一位！歐陽父子以險折拗硬的風格聞名書壇，深受後世書家的歎賞，我想，或許和他們「父子獨得之秘」的狸心筆有不小的關係！

《負暄野錄》提到歐陽通以狸毛為心，外面包裹著兔毫製成筆。兔毫是毫穎中最為健勁的毛筆，把它作為副毛使用，這支筆的強勁銳利可想而知。

由此可見，歐陽詢仍然有自己選製毛筆的習慣，而且刻意選擇最適合他強硬風格的硬毫筆。

總之，古人的書法風格多種多樣，除了個人筆法不同之外，有很大一部分的原因在於「筆」

上，筆的好壞能夠直接影響寫出來的字。

「筆都寫禿了，卻找不著可以替換的毛筆……。」

一次，與張文昇老師的閒談之中，他提及內心的憂慮——毛筆有著諸多的差異性，儘管好不容易尋到一支得心應手的筆，後續卻再也找不到了。

於是，為了不讓一支好筆變成「偶然」，在工具控與書藝家的創意激盪下，結合了自身過去擅長設計與開發的工業背景，加上張文昇老師集製筆、教學、書藝於一身的五十年書法歷程，我們經過逾十年的反覆推敲測試，針對筆的各種特性、書寫的需求，終於得出一百六十二種規格的無與倫「筆」，用數字分門別類，首創全世界毛筆標準化，期望胡氏製筆可以一解千年以來書法大家們懸而未決的困境。

未來，想要買到一支適合自己的好筆，不用再走上千里，苦苦相尋了。

註26　黃山谷（一〇四五—一一〇五）：黃庭堅，字魯直，號山谷道人，因而後世稱他為「黃山谷」，晚號涪翁，為北宋時期的詩人、書法家。黃山谷的書法別樹一幟，擅長行、草書，其作品被後人評為縱橫奇倔、收放自如，不受字體規矩束縛，突破方正均勻的體例，與蘇軾、米芾、蔡襄並稱「北宋四大書法家」。

註27　蘇東坡（一〇三七—一一〇一）：蘇軾，北宋著名的文學家，字子瞻，一字和仲，號東坡居士。其詩、詞、賦、散文均有成就，且善書法和繪畫，是文學藝術史上的通才，有《東坡先生大全集》及《東坡樂府》詞集傳世。

註28　趙孟頫（一二五四—一三二二）：字子昂，號松雪道人，元代官員，書畫家。他在詩、書、畫、印上皆有很高造詣，書法精通行、楷書，獨創「趙體」，對後代書法藝術有很大的影響；篆刻則以「圓朱文」著稱。

註29　張大千（一八九九—一九八三）：中國當代知名藝術家，蓄著的一把大鬍子，成為張大千日後特有標誌。其潑墨潑彩的畫風，開拓水墨新境界，成為此畫風最重要的代表。

註30

臺靜農（一九〇二—一九九〇）：著名作家、學者。於一九四六年來台，曾在台灣大學擔任中文系主任，曾出版《臺靜農書藝集》及小說、散文等著作。除了文學之外，同時也涉獵金文、刻石、碑版，各種書法字體皆精通。

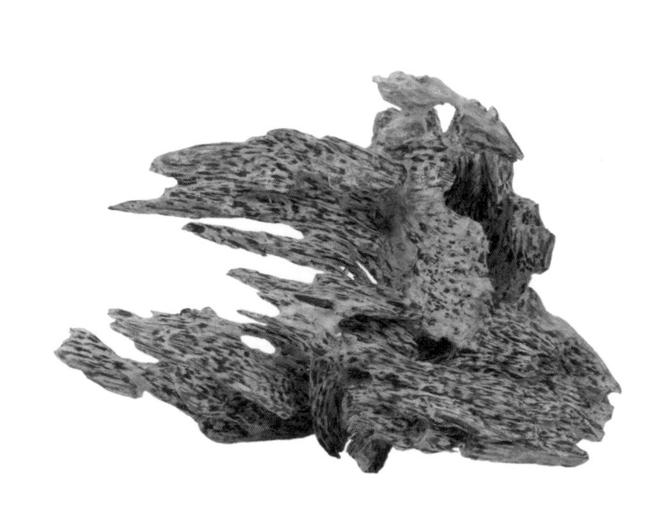

第2部

玩筆

傳家藝術，做出永續書寫的毛筆

寫書法、畫水墨畫的人，都少不了與筆墨紙硯的親密接觸，這些我們習以為常的工具，卻是經過了無數道精密的工序，必須一絲不苟，才得以完成，並且只有依靠純手工製作，才可以保持高品質的質量。

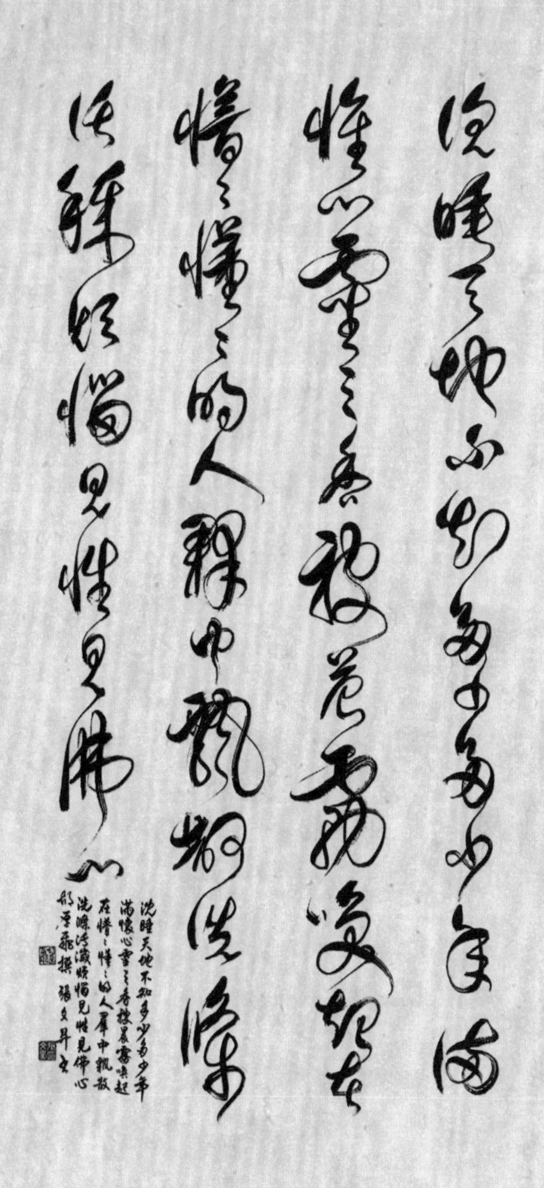

沉睡天地不知多少多少年，滿懷心靈之香，被晨霧喚起，
在懵懵懂懂的人群中飄散，洗滌汙穢煩惱，見性見佛心。

胡厚飛 ◎ 詩

張文昇 ◎ 獨創輕煙體

01

一支毛筆的誕生——從毛料選取到接上筆桿全紀錄

隨著時代的進步，年輕人敲打鍵盤成了基本常態，寫毛筆字的人越來越少，慶幸的是，書法這門藝術對東方人來說，屬於一門文字和藝術的國粹。

台灣、中國、日本和韓國的文人墨客，「愛字之人」依然不少，如果可以幫助改進「選筆」的困擾，帶領瞭解一點關於毛筆的製作過程，對於今後選擇毛筆時，必定會有極大的幫助。

失之毫釐，差之千里

說實話，我練習毛筆也有很長一段時間了，直到認識張文昇老師後，第一回親眼目睹毛筆的製作過程，當時對於整個過程的複雜程度震驚了，原來，我們平時所用的毛筆，上頭的毛料都是師傅逐根篩檢出來的。

我相信，如果可以瞭解一點關於毛筆的製作過程，對於今後選擇毛筆，必定會有極大的幫助。

毛筆使用的毛料大多以動物毛為主，不過時至今日，毛料的選擇非常廣泛，除了動物毛之外，尼龍絲也是常用的毛料之一。日本產的尼龍絲不僅有毛鋒，更有彈性，因此有些毛筆裡面會加一些尼龍絲，增加毛筆彈性。

傳統毛筆的製造過程繁複且耗時，每一個程序環環相扣，每一步都馬虎不得，只要製作過程中，出現一丁點兒疏失，就會對毛筆的品質產生極大影響。想要擁有一支高品質的毛筆，全都仰賴人工製造，至今仍然沒有機器可以取代。

一支毛筆的製作時間很長，從原料到成品，至少需要經歷幾十道工序。因此，毛筆的製作成為再精密的機器也無法實現的技藝，只能靠手藝。

那麼，毛筆是怎麼製作的？要先從筆頭的選料開始說起——

筆之所貴在於毫。毛料的挑選有很大的講究，毛料有黃鼠狼、山羊毛、兔、馬、豬、牛、貂、雞、貛等動物毛，只要長度可以、挺直、有毛鋒都是好毛料。我們最常使用的毛不外乎黃鼠狼毛、羊毛等，毛料能夠決定書風：以羊毛為首的軟性筆，寫出的字較為圓潤流暢；以狼毛為首的硬性筆，則是挺脫勁爽之書風。即便是同一種動物的毛，也會因為長度、粗細、性別、狩獵的季節等不同因素而有影響，製造出來的筆性也有很大的差別。

以往產製毛筆的獸毛都是從山中狩獵取得，從獵物身上取得的獸皮需要先浸水軟化，把整片獸毛撕成一小撮，將毛根順向排列，再用刀切除獸皮。

進口毛料經過繁複的工序才可以成為原毛，因此需要交由專業人士處理，將其綑成一束之後，提供給製作者使用。現今，選毛料的步驟，除了挑選原毛長短、粗細以及優劣，也要鑑別原毛的彈性，以配合製筆之用途。

不過為了呈現完整的毛筆製作過程，張老師還是會從取毛、整毛、挑毛開始做起，接著對疊毛、齊毛、洗毛、去毛、除絨毛、齊毛鋒、裁尺寸，到取需要的長度等步驟一一介紹。

最重要的開始，千萬毛中揀一毫

製作毛筆的第一步就是準備毛料，這一步是在水盆內作業，是一項非常精細的工作。除了一盆水之外，還要準備一把骨梳，可以梳理毛料，也可以作拍齊毛根之用。

■步驟一：取毛

把毛料放在石灰水中浸泡，主要是為了去除毛的油脂以及腥味，因為油脂太多，容易造成毛跟毛之間不貼合。這個步驟要注意的一點就是，毛料浸泡在石灰水中的時間不能太久，否則會導致斷毛、腐壞、脆弱，失去彈力，毛料使用的壽命變短。

將羊毫毛料先浸泡一下，再剝開。

■步驟二：除絨毛

太短的絨毛、雜毛都不能用，所以齊毛的動作相當重要，要把不適用的毛料清除乾淨。

以骨梳梳理毛蒂，去除雜物，梳去絨毛、廢毛。因為絨毛細而彎曲，不能成為毛筆的毛料使用，若不把絨毛去除，容易使毛筆開岔。

■步驟三：除蒂

用剪刀除掉皮脂連接處。

■步驟四：挑毛

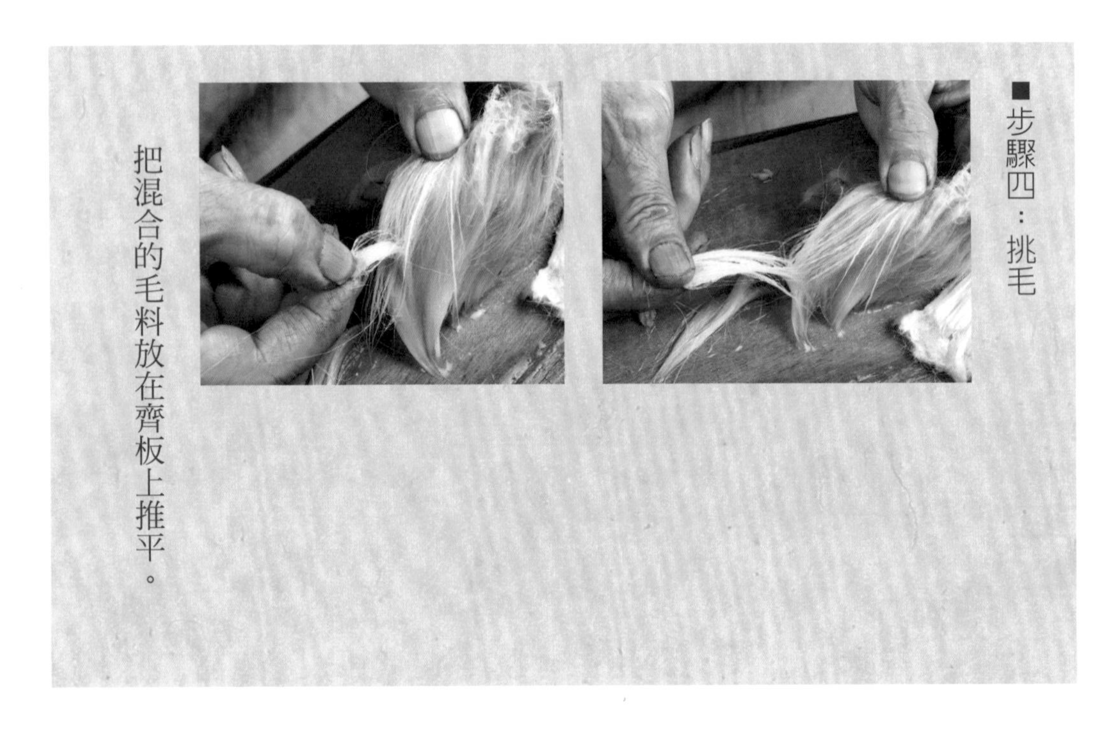

把混合的毛料放在齊板上推平。

「挑毛」步驟很是關鍵，意思就是將毛分為不同等級，真正完美的毛料是圓潤挺拔的，但想要在這麼茫茫毛堆中找到如此完美的毛，幾乎只有百分之三十的機率，其餘不是開岔、彎曲、受損，不然就是沒有毛鋒。

挑雜毛的方法有很多種，以張老師為例，他會先用刨筆刀挑過以後，再把雜毛挑出來，被挑出來的毛都是沒有毛鋒，有毛鋒的毛是挑不出來的。這個原理就是，有毛鋒的毛前端會是尖細的，所以刨筆刀在挑的時候，沒有毛鋒的毛料前端就會比較粗，反而容易被刨筆刀給帶出來。

我們有時候會遇到寫字寫到一半，會有幾根毛跑出來，像是分岔一樣，就是因為挑毛的步驟沒有做得確實。原料剛拿到時，一些沒有毛鋒的雜毛也會摻在裡面，所以要把它挑出來。前面有一截黃黃的部分，那個才是毛鋒，在梳的時候，會卡在沒有毛鋒的地方，有毛鋒的話，是不會被梳出來的，整個毛料整理完之後，剩下的毛量會很少。

■步驟五：齊毛鋒

（一）毛料鋒端沾白石粉

（二）一手壓住毛鋒，另一手輕往後拉

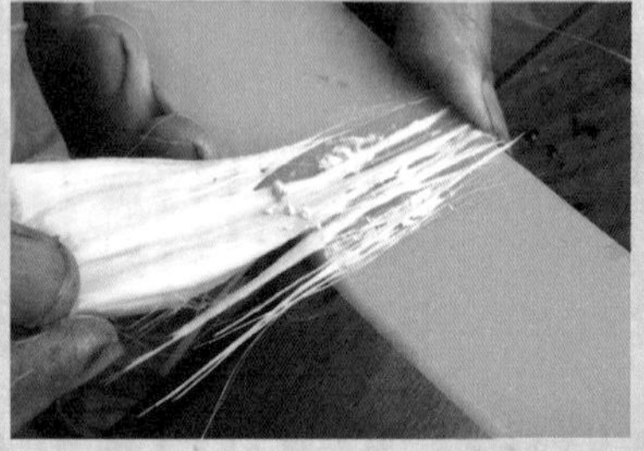

（三）將不要的毛料拉掉，集中留下要使用的毛料

（四）挑出來的毛料

（五）將毛料彙整在一起

（一）將毛料放在水盆中反覆梳洗、依照長短進行分類，這是需要經驗與精細的工藝。每根毛料有長有短，為使其一致，所以接下來的工序是齊毛鋒，將毛的尖端排齊。通常取約五公分寬之齊板，將一簇毛料鋒端沾上白石粉，使其濕潤不滑。

（二）～（五）將毛對齊齊板的一邊，一手壓住毛鋒，另一手輕輕往後拉，一步一步排列，使毛鋒剛好卡在齊板邊緣直線上，如果沒有雜毛，它就會滑順地出來，留在板上的毛就是有毛鋒，是真的可以製作毛筆的好毛。

要注意的是，狼毫的挑毛方法有一點跟羊毫不一樣，它需要等到整支毛筆做好後，再挑一次，那是最後面的一道工序。羊毫的鋒比較細長，呈現微黃色，黃色越長表示品質越好，一般而言，越好的羊毛越不需要挑毛。

製筆的過程非常麻煩，一天可以製作出來的毛筆有限，光是整毛的程序就非常耗費時間與心力。

■步驟六：切毛

（一）齊鋒

（二）對長度

（三）切除尾巴

（四）整理好的毛料放置一邊

依照筆性切毛料，由於筆鋒的粗尖、胖瘦、長短，和筆形順暢與否，都深深影響著筆性，所以調配好的毛料需要再分別切出形狀，才能符合筆性所需，故「切毛」成為製筆成敗的關鍵，這步驟若非大師是做不來的。

張老師以羊毫加狼毫作為示範。狼毫跟羊毫不太一樣，挑毛的程序也不同，一般來說，做筆程序是一次做一片，或是做一大片，再分成每一支需要的量，但胡筆是一次做一支，才會準確。用量尺量測長度，狼毫跟羊毫的長度必須一樣，多餘的部分要切掉。先切長度，再斜切。

接下來就進行主毫的步驟，基本上與羊毫的步驟一致。

■步驟七：製作主毫

使用黃鼠狼尾巴做狼毫（身體的毛不行，因為太短了），會先把毛拔下來，再整毛，這個步驟必須加水輔助，用牛骨梳梳理毛料，把裡面的絨毛梳出來，讓毛的完整度可以高一些，接著把毛鋒梳齊。

■步驟八：除絨毛

去除多餘的絨毛。

■步驟九：整毛

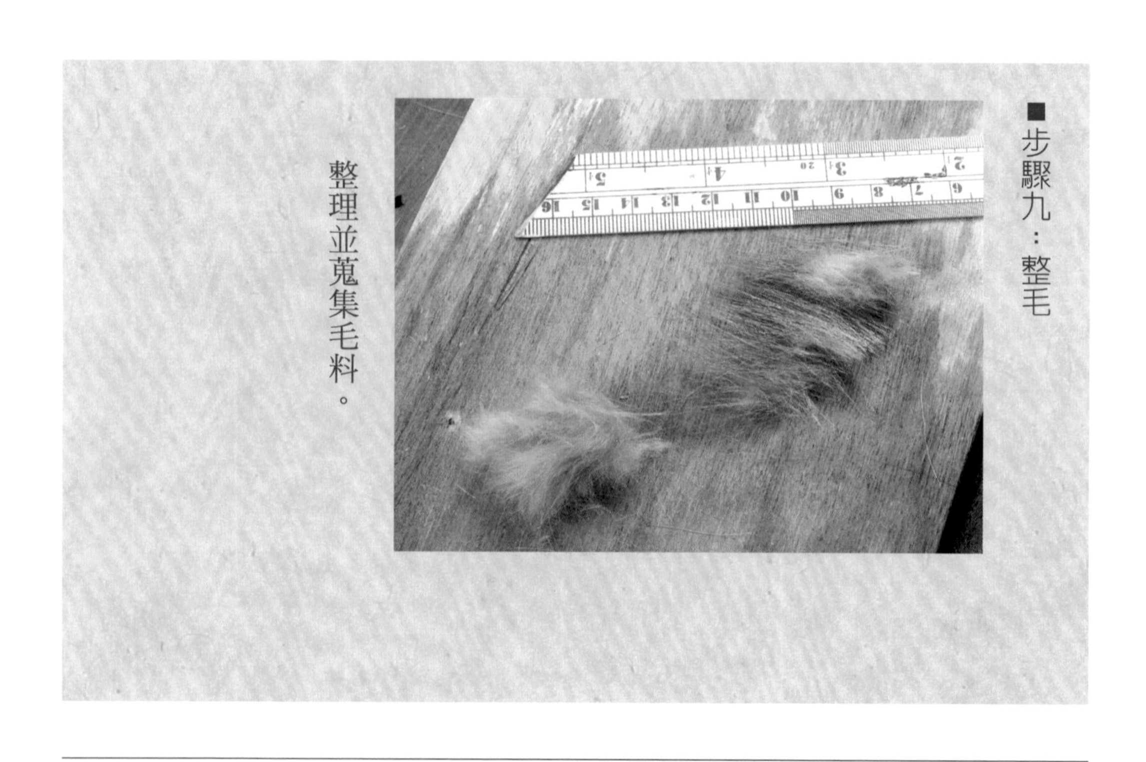

整理並蒐集毛料。

■步驟十：綑成毛桶

整理好的毛料綑成一束，形成毛桶，放在一旁備用。

■步驟十一：將毛桶浸泡水

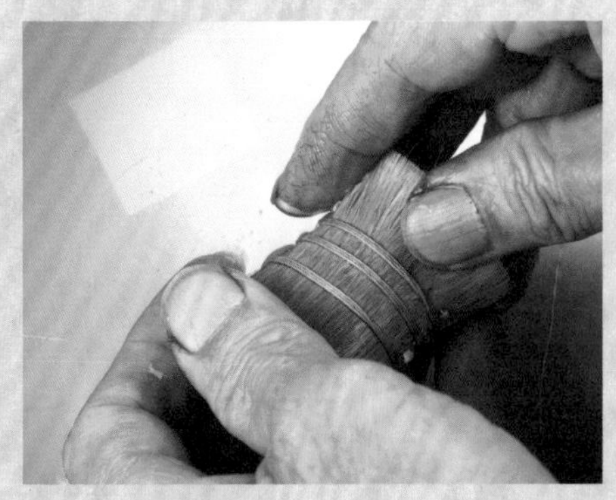

■步驟十二：浸濕後，敲平

■步驟十三：擠掉空氣

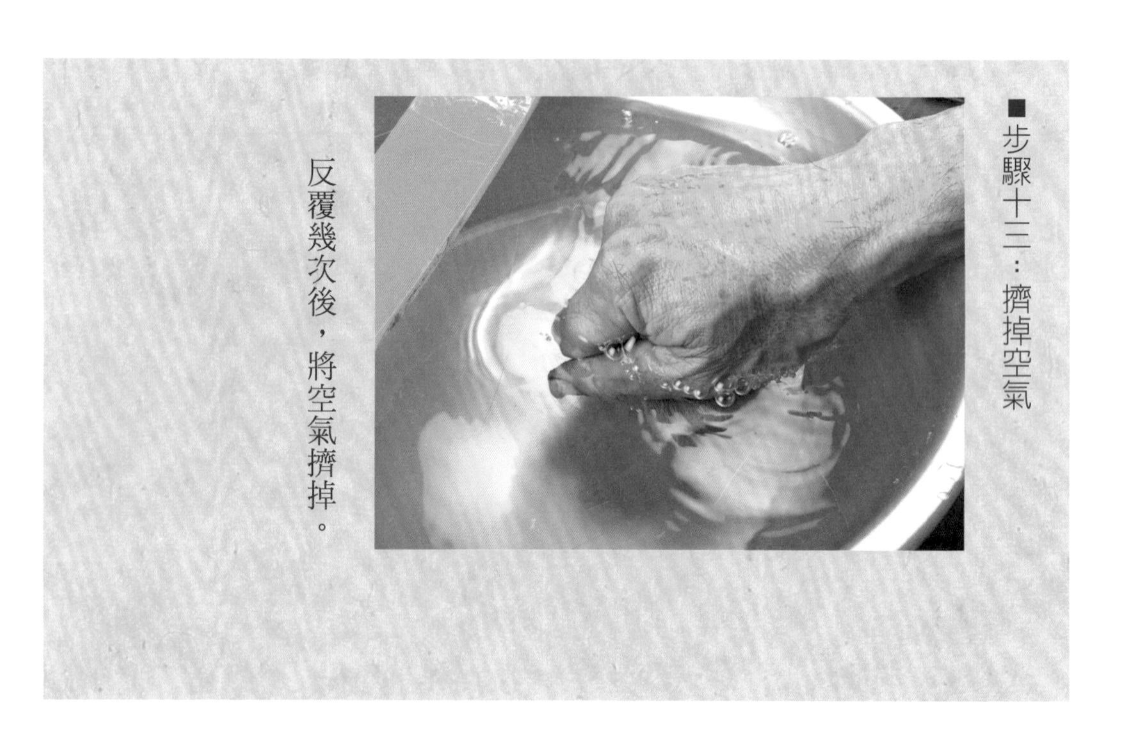

反覆幾次後，將空氣擠掉。

■步驟十四：齊平

使毛料的一端整齊、平整。

■步驟十五：取量

取出一支毛筆需要的量。

■步驟十六：梳毛

裁剪之後的毛料需要再次梳理平整，使用骨梳從根部梳向尖鋒，再反向從尖鋒梳向根部，反覆動作，梳理整齊。

配料，決定一支筆的用途

等到毛料處理完畢後，就要進入配料的環節。

先想好要做什麼樣的毛筆，是軟還是硬？是長還是短？打算寫什麼書體？把各種毛搭配起來，這就是配料。

一支筆的形成，很少是單種毛料所製成，大部分是兩、三種以上的毛料混合，但也不宜太多太雜，通常是兩種到四種毛料為主。

配毛會分為主毫、副毫等，每一種毛料的配方都會不太一樣。例如：狼毫基本上會放在筆的中間，作為毛筆的筆芯；羊毫則是圍在外層，把它附在外面作為含水的功能，增加毛筆的含水量。

所以說，這是一種成分配置的問題，如果一支毛筆的筆頭由三種不同的毛製成，例如羊毫、狼毫跟豬鬃，就要分配不同的比例，通常都需要仰賴製作毛筆師傅的經驗值來判斷。

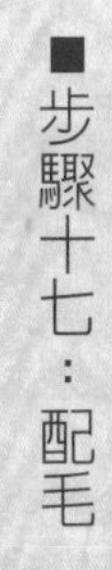

■步驟十七：配毛

取豬鬃，預備配毛。

■步驟十八：齊毛和切毛

（一）齊毛

（二）切毛

再進行一次齊毛、切毛的動作，讓毛料長度一致。

需要的毛料都已經準備好，接下來就進入配毛的階段。

■步驟十九：配毛

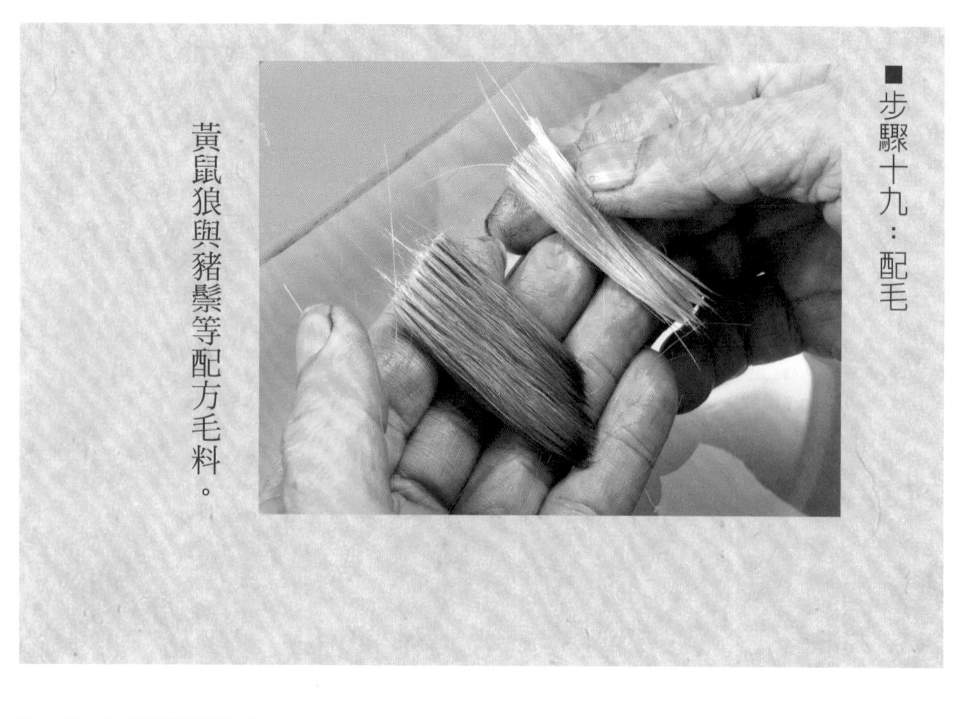

黃鼠狼與豬鬃等配方毛料。

■步驟二十：將兩者混合

將黃鼠狼與豬鬃等配方毛料，混合在一起。

■步驟二十一：避免打結

再進行梳毛的動作，為避免打結。

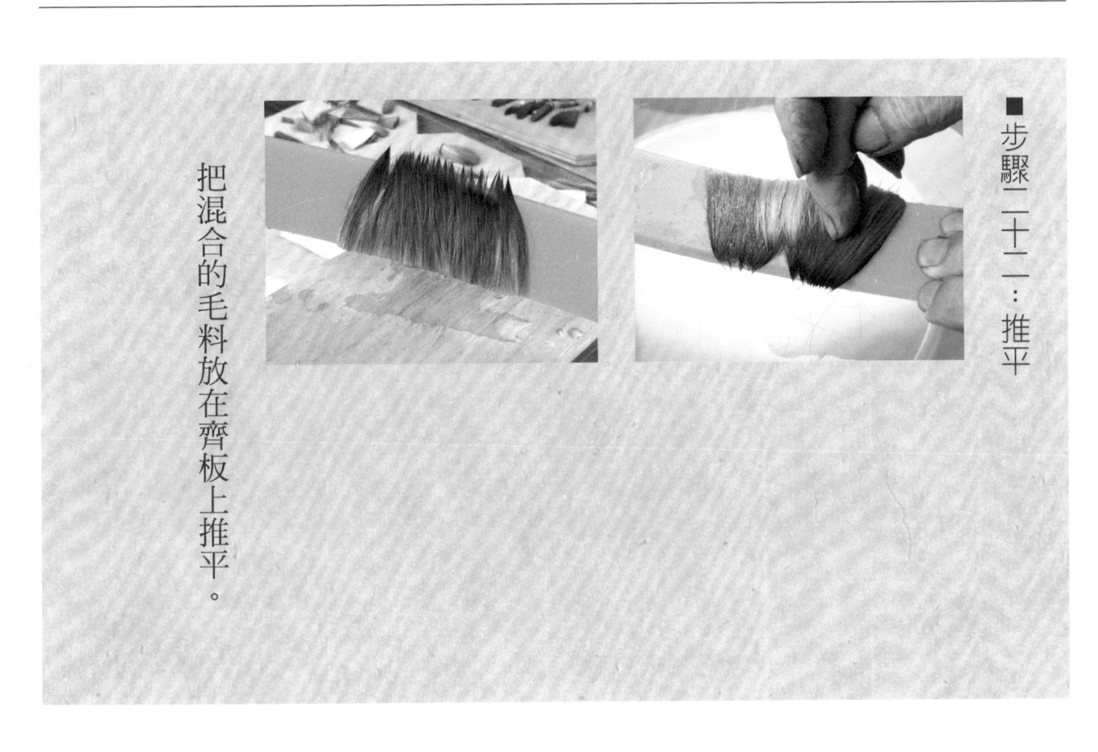

■步驟二十二：推平

把混合的毛料放在齊板上推平。

■步驟二十三：反覆堆疊毛料，互相融合

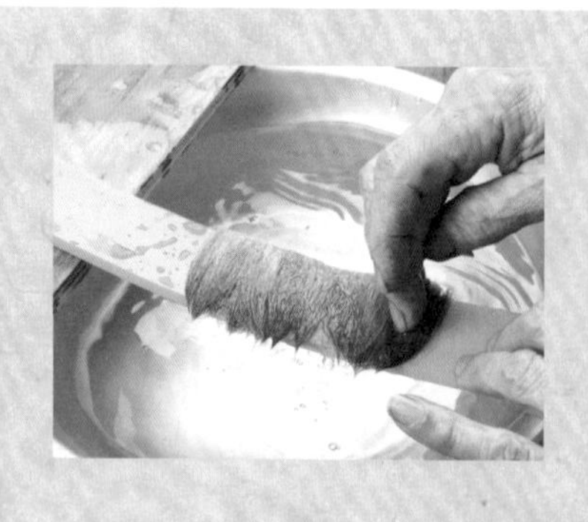

持續此步驟多次，使得各種毛料分佈均勻，如此一來，毛筆的筆形才不會歪斜。

■步驟二十四：齊毛

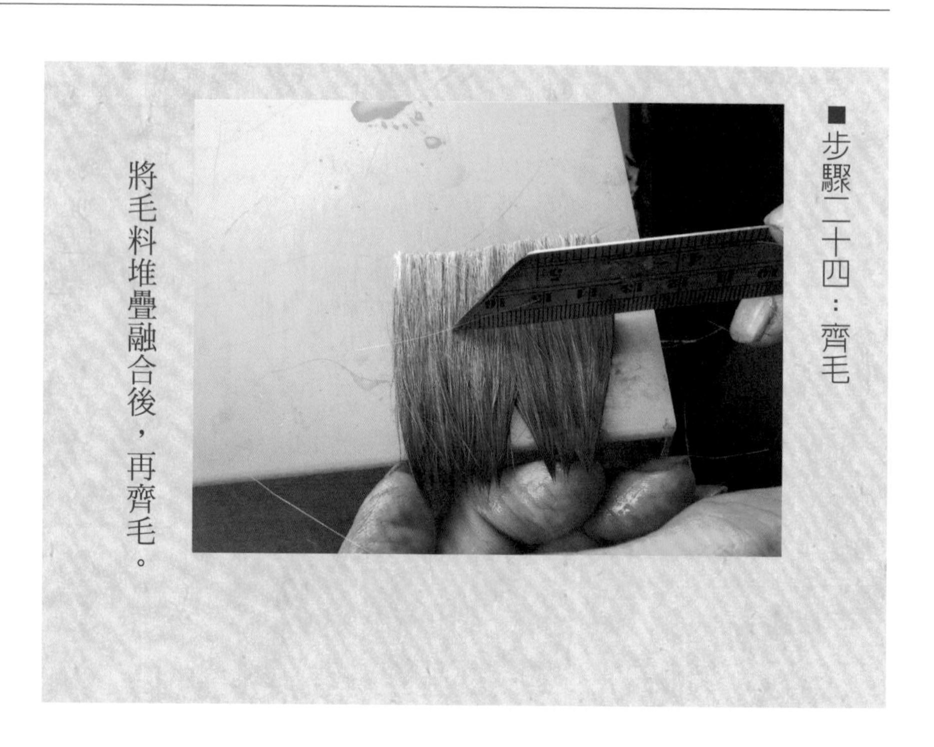

將毛料堆疊融合後，再齊毛。

到這個步驟，製作毛筆的準備工作，就大致完成了。

最後的收尾，紮出完美的筆頭

毛料挑好、分配也都完成，我們可以開始製作筆頭了！

■步驟二十五：捲毛

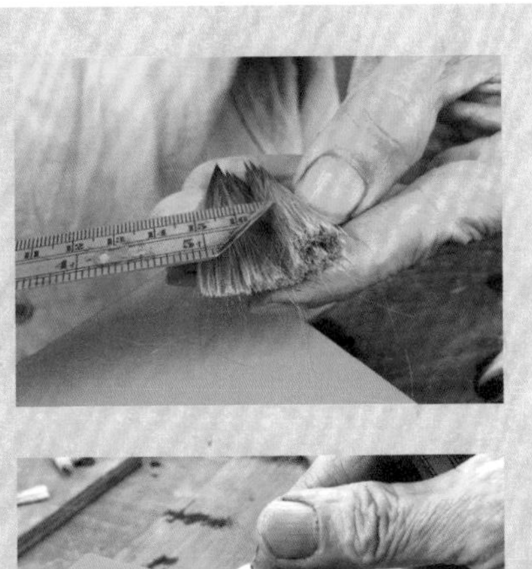

將各種毛料互相摻雜，捲在一起就是「捲毛」的步驟了，慢慢捲成束狀，邊敲桌面，將底納平。最後，把毛片捲起來，筆頭就完成了！

■步驟二十六：取羊毫

取出先前準備好的羊毫，備用。

■步驟二十七：齊毛

齊整毛料。

■步驟二十八：打平

將羊毫毛料打平。

■步驟二十九：反覆堆疊毛料，互相融合

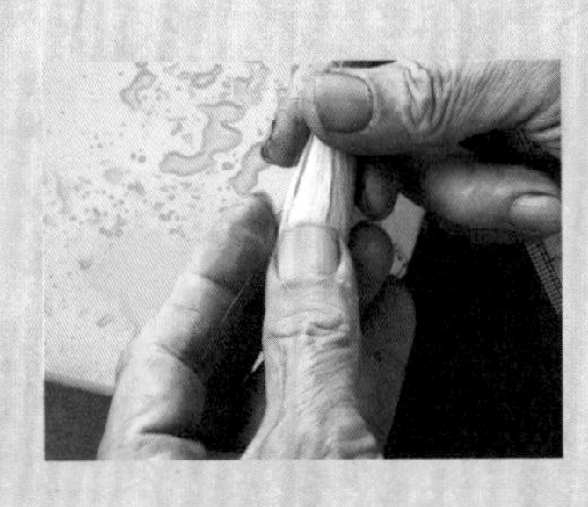

成型

筆頭完成之後，需要再包一層外皮，外皮大部分都使用羊毫，因為羊毫的含墨性較佳。外皮要比裡面短，利用量尺確認尺寸，剪去底部雜毛。

■步驟三十：修整

最後再次修整。

■步驟三十一：紮筆頭

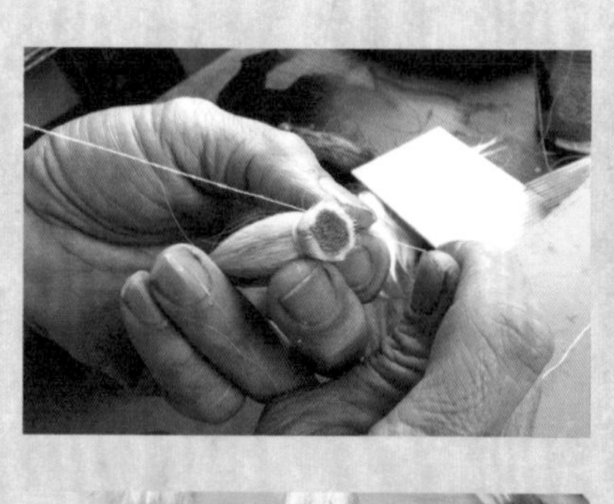

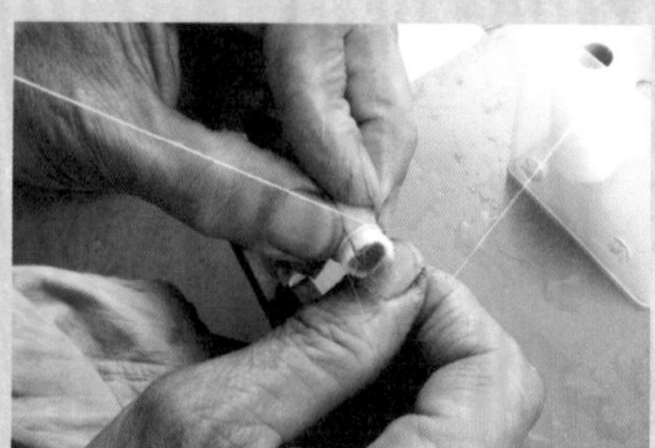

筆頭大功造成

毛筆的製作過程會先上水膠，讓毛不會鬆掉散開，接著再曬乾，當筆毛呈現乾燥時，即可以使用棉線綑紮筆根。切記，一定要將筆毛烘乾。若是毛還是濕的狀況，久了之後，毛筆就會發霉斷裂。

這一步最難的就是要紮出絕對圓弧形狀的筆頭。所以，綑紮的時候，用力要均勻，若不小心施力不平均，筆頭就會變形。

■步驟三十二：選用筆桿

筆桿的材質各式各樣，如竹子、木材、塑膠等，一般市面高級的毛筆，則以牛角桿居多，學生用筆則以塑膠桿或竹桿較為普遍。

胡筆選用黑檀木作為筆桿。

■步驟三十三：用卡尺測量筆徑

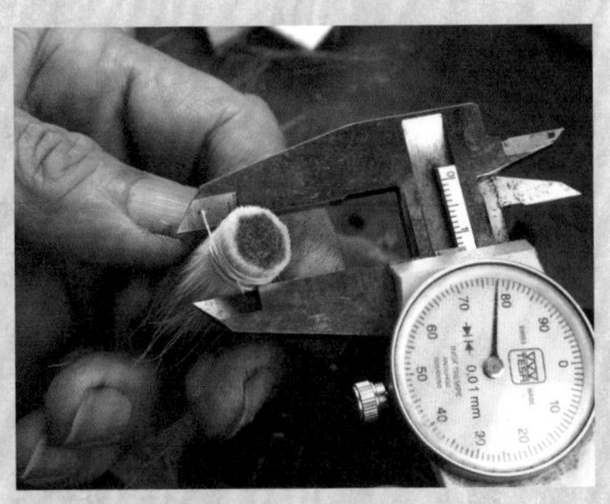

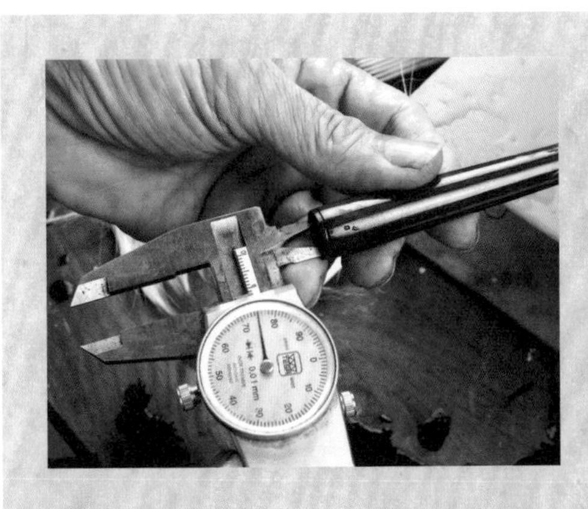

■步驟三十四：取筆桿，兩者接合

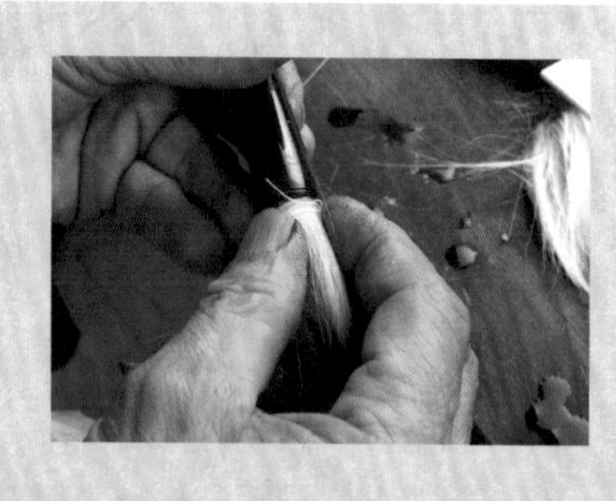

製筆的前階段是把筆頭的毛料處理好，等到筆頭的毛料曬乾後，用雙色AB膠以及硬化劑在紙板上和在一起，膠水就會變硬（早期都使用牛皮膠、松香）。

筆頭的毛料處理完畢後，會先上一層膠，接上筆桿時也要上膠，筆桿跟筆頭的口徑需要一致，裝上去時，需一邊旋轉，一邊確定是否為正，否則容易裝歪，導致這支筆無法使用。

■步驟三十五：上線

裝好之後，進行純手工上線，讓毛筆方便懸掛。

將筆頭黏上筆桿後，一支毛筆就大功告成了！

規格化的製筆，找出專屬的毛筆

這是一般製筆的過程，只要完成了，它就是一支毛筆了，然而，這支筆沒有規格化，也是因為如此，很多人經常都無法挑選到適合的毛筆。所以，我們想將「胡筆標準．張文昇製」打造成一支擁有標準化的毛筆。

當然，想要做一支符合胡氏標準的毛筆，從配毛比例、檢測檢驗都有很嚴格的審查標準，若是不符合就要打掉重來。有制定標準跟沒有標準的毛筆是不同的，例如跳高，若不制定標準，只要跳過去就好了；但若是規定要跳多高，整件事情就不一樣了，跳不過去就要一直重來。

制定了胡氏標準的配方、標準的毛筆，與一般的毛筆，成本相差兩倍以上，中間每一個長度、每一個比例都有規範，不是任意搭配就可以了，但是一般的毛筆就是狼毫與羊毫混在一起，它是一大堆再去分的，因此，比例永遠配不準，但利用胡氏標準製作的毛筆不一樣，是一支一支根據測試出來的比例製成，因此更可以讓更多人找到專屬於自己的毛筆。

02 看似平平無奇，卻暗藏乾坤的筆桿

一支毛筆的構造，從上而下開始介紹，是由筆頂，由掛繩、筆紐、筆冠所構成；筆桿，通常為竹子、木頭、金屬等材質製成；筆斗，使用塑膠、牛角、木頭等材質製成，不過也有部分的筆斗會跟筆桿一體成形的情況；筆頭，使用動物毛和尼龍製作而成，筆頭的作法在上一篇「一支毛筆的誕生——從毛料選取到接上筆桿全紀錄」有完整詳細的介紹。

筆桿材質竟然這麼講究？

除了筆頭之外，毛筆的另一大重點就是「筆桿」，其長短、粗細和材質都會直接影響到毛筆的使用。

儘管製作筆桿的材料有很多種，最常見的還是以竹管為主，種類就有白竹、方竹、紫竹、棕竹、斑竹，以及湘妃竹等，不過，現在市面上普遍以青桿跟染色的紅桿較多。這些用來做筆桿的竹管多具有竹莖細直、挺拔的特點，還要檢查是否乾裂、是否有蛀蟲、粗細不勻的竹管，

想要寫出書法的韻味，就要掌握提按之法，說來容易，但是要寫得恰到好處，實屬不易。

才能製造出精緻的毛筆。找到適合的竹管之後，再經過打磨、剪裁、打孔等步驟，便可製成一支筆桿。

其它的主要筆桿材質有以下幾種：木質筆桿，分為紫檀、黑檀、白檀、紅木、沉香木等，另外還有極具藝術價值，但不實用的陶瓷、玉類等，都可以成為製作毛筆筆桿的材料，當然還有最廉價的塑膠。

各種珍貴材料製作而成的名貴筆桿，也成為毛筆收藏的一大重點。除了選材之外，筆桿也具有強大的裝飾，古時候的人都會在筆桿上以龍鳳、八仙、人物、山水、詩詞等主題進行裝飾，有著吉祥富貴的意涵。

穠纖合度，粗細、長短也是一門學問

筆桿的粗細也會影響到手感，筆桿太細，會讓人難以握筆，不好書寫；筆桿太粗，則無法自如運轉，寫出來的字慘不忍睹。漢代以前的筆桿以「細為王道」，因為筆頭尺寸較小，有些還可以方便更換；也有另一個有趣的說法，從前官員每日上奏時，都要先把稟報的事情寫在竹簡上，就跟我們寫筆記是同一個道理，不過他們會在寫完之後，隨手將筆插在髮髻中，以備隨時取用，所以細的筆桿才不會造成很大的負擔，直到後來，筆頭變大、筆桿也跟著變粗，這一個習慣就逐漸消失了。

「你說筆桿不宜粗、不宜細，那麼怎樣的粗細才算剛好？」

「一般而言，約為筆頭直徑的一半。」

說到這裡，就不得不提竹管的問題了。

如果現在有一顆比較大的筆頭，該怎麼接上筆桿呢？如果是大的筆頭，就需要更大的竹子，才可以將筆頭完整接上，然而，這樣就勢必造成筆桿太粗而不好握筆。

這個時候，就可以在筆桿前端加上筆斗，就像胡筆的筆頭比筆桿還要大，但加上筆斗之後，就可以讓筆桿維持合適的尺寸，不會影響到毛筆的質感。

筆桿的材質、粗細，我們都已經大略談過了，接下來說說長度吧！

筆桿長度與書寫的平衡感（重心）有著很大的關聯，筆桿越長，越抓不到重心，很難寫出好字。再加上筆桿太長，很容易造成彎曲，就不算是一支好筆了。

唐代虞世南在《筆髓論》曾說過：「筆長不過六寸。」換算成現今的單位，大約不超過十九公分，是筆桿最適中的長度。

最重要的是筆桿要直，教一下購買毛筆的小撇步，如何確定筆桿是不是直的？其實，檢查的方法很簡單：將筆放在平面上滾動一下，可以順利地滾動，若有彎曲，一滾動即可看出。不過，到底是木質材料，而不是鋼鐵，若有稍微一點點彎曲，對於書寫沒有太大問題。

黑檀木做筆桿，不容易開裂

胡筆的筆桿特別選用「國寶級木材」舊有黑檀木筆桿，切掉筆頭，再請老師傅悉心重製、裝上牛角頭，並予以造型而成。使用黑檀木的主要原因，在於它材質堅硬、不易磨損，還耐

潮濕，對容易潮濕的台灣來說，這是很大的優點，經過精細地抛光，還會產生一點透明感，最重要的是——不易開裂，即使遇水，用乾布擦乾後可以恢復到原有的光澤狀態。

初學書法的朋友買了竹桿的毛筆，發現筆桿開裂之後，就會感到憤怒。請先冷靜一下，這不是因為質量太差，正是因為質量好，才會造成這個結果。

許多毛筆都是用竹子做的筆桿，若筆頭使用的是羊毫居多，會因為毛料吸水性太強，容易造成膨脹，不使用時又會收縮，如此反覆，就會導致竹桿開裂。如果筆頭的尼龍含量高，反而就不容易使竹桿開裂喔！

這也是為什麼，胡筆使用質地硬度高的黑檀木作為筆桿。

接著，張文昇老師會加工切頭，接上用牛角做成的筆斗成粗胚造型後，再把粗胚磨成各種造型，最後以成型的筆桿抛光、上漆就完成了。

之所以用黑檀加上牛角的原因，是牛角為所有筆斗韌性最強的一種材料，反覆吸水、晾乾不會收縮，又有各種自然的紋路，配上黑檀格外高雅沉靜，但最重要的一點是，為了配合胡筆的專利筆頭換毛設計，牛角可重複清除再更換新筆毫，真正做到永久傳家的目的。

胡筆的筆桿特色：細骨肥臀

對於「美」的定義，每個人的認知不盡相同，是很主觀的概念。因此，我們講究的是「手感」，筆桿越細、頭越大，手的觸覺越靈敏，就能提高運筆與提按之間的敏銳度。想要寫出

各式筆桿造型，一來穠纖合度、別具美感，二來實用好拿，能夠永久傳家，在在是學問。

書法的韻味，就要掌握提按之法，說來容易，但是要寫得恰到好處，實屬不易。

同樣的筆法、同樣的俐落，但是會因為個人運筆與提按的差異，有所不同，才能彰顯出字體的「勁」，把勁道表現得恰到好處；若毛筆運筆鈍鈍的、不順暢，我們再怎麼寫、怎麼練，字看起來就是沒有瀟灑勁。

當然胡筆也有考量到，某些人已習慣於寫較粗或是較平價的筆桿，故也準備另一款由竹桿製作的筆桿，雖筆桿較粗，但依然保持筆頭比筆桿粗的特色。

可以傳家的筆，胡筆的筆桿專利

如果毛筆的筆頭壞掉，除非比較講究的人，或是這支筆桿具有特別的意義、特殊的感情、殊異的造型或材質，否則很少會選擇換毛。如果他買到是一支質量較差的筆，筆桿成本低廉，購買時才幾百塊，拿來換毛也不划算！多數人會選擇直接丟掉，再買支新的筆。

另外一些比較講究的特殊筆，若想換毛，就得找到專業的製筆店。一般賣毛筆的店家只有負責代售，他們無法幫客戶做任何換毛技術的服務，就算送回工廠，工廠是量產的地方，也不會為客人做單支的換毛。成本划不來，剩下能找的就只有幾家碩果僅存、還保有這項傳統技藝的店家。當店家拿到筆，先剪掉筆毛，再拿刀子把筆頭內孔壁的殘膠刮掉，當初毛筆頭就是用膠把它黏上去的，想要刮除乾淨的話，勢必會刮到孔內壁，越刮，洞就越大，幾次下來，孔就大到破孔而報廢，對一支有價值的毛筆，真是可惜又無奈。

如何讓更換筆毛可以重複清除殘膠，而又不會傷到孔壁，造成擴孔？能解決這個問題，筆桿就能永久使用，更可以傳家。首先，需要了解筆頭的孔內壁，對於毛筆師傅而言，只是一個裝毛筆頭的孔洞，大一點、小一點都不重要。若洞較大，師傅只要外圈再多加一層毛；洞較小，只需把筆頭毛減掉一層，直徑變小，就可以塞進筆頭。

所以自古以來，孔洞不需要標準，也沒有標準，師傅只有用手刮膠，刮到乾淨為止。胡筆為解決這個問題的方法，就是從一開始先制定第一個標準，即每一種筆徑一定是整數，絕不能多出○．一公釐。

一旦有了整數的標準，當要換毛時，只要用相同直徑的絞刀，用手旋轉刮入洞內，就可以把舊毛及殘膠清除乾淨，因為同尺寸，也不會傷到孔內壁，重複絞孔再多次也不會擴孔。為了確保這一標準，在製筆過程不會失誤，品管一定要用「柱規」量過。

什麼是柱規？它是一種簡單的量具，經常被用在製造筆的生產線中，可以迅速篩選出不合格的產品，以確保品質的一致性。

我們在此用於筆桿孔的檢測，以非黑即白的判斷方法，通過（GO）就是合格、沒通過（NO GO）就判退。比如我們要選擇十四公釐孔徑的筆桿，只能客許○．○五公釐的誤差範圍，這時候只需要兩個標準就可以了，即十四．○五公釐和十三．九五公釐。若柱規大頭端（NO GO）十四．○五公釐通過，表示孔太大；若小頭端（GO）十三．九五公釐不能通過，表示孔徑太小。太大、太小皆要被淘汰。

量規，測量筆桿的尺寸

雖然有了標準孔洞，也有了標準絞刀，仍然無法確保不會擴孔，因為第一次鑽孔的孔洞，和絞刀的外徑，並沒有同一中心的關係。當絞刀在絞清殘膠時，若當初沒有將整圈孔壁平均上膠，則有膠的孔壁較硬，沒上到膠的孔壁較軟；當絞刀在絞孔時，絞刀會因為孔壁的軟硬不均而向軟的一面偏移，也就會把軟的一面絞成破孔，或因內壁厚度不均，裝筆頭時擠裂而報廢。

為此，胡筆設計出一種方法，就是在一開始筆頭鑽孔時就使用一種雙階鑽頭，將鑽頭前端再磨成一個小直徑，鑽出來的孔就有外大孔、內小孔的形狀。接著，將絞刀也做成中間有一根可以伸縮的鋼棒，絞孔時，絞刀中間的鋼棒先伸入筆頭孔洞的小孔，架構出孔洞和絞刀的一個中心，絞刀再沿著中心的鋼棒向大洞旋轉，同時刮動絞刀，這種架構的絞刀，可以無數次依照孔洞的中心反覆清除殘膠而不會擴孔，這個專利的方法也終於讓我達成好的筆桿可以永續傳家的心願。

雙階鑽頭照片

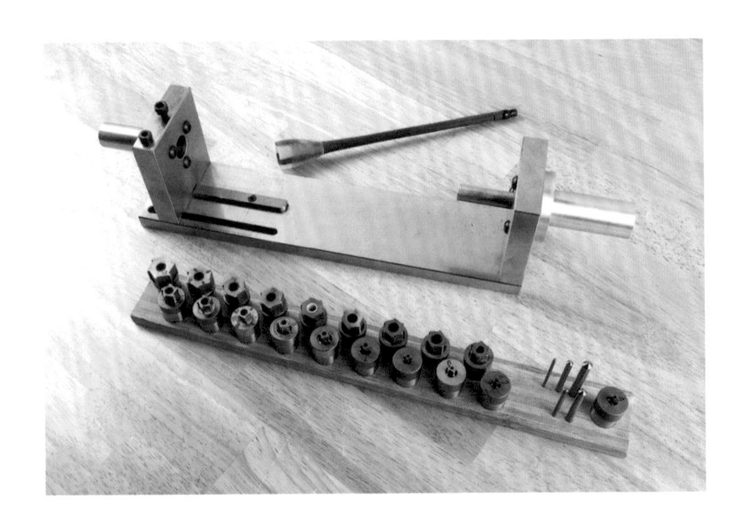

廢膠清除絞刀組

毛筆廢膠清除步驟

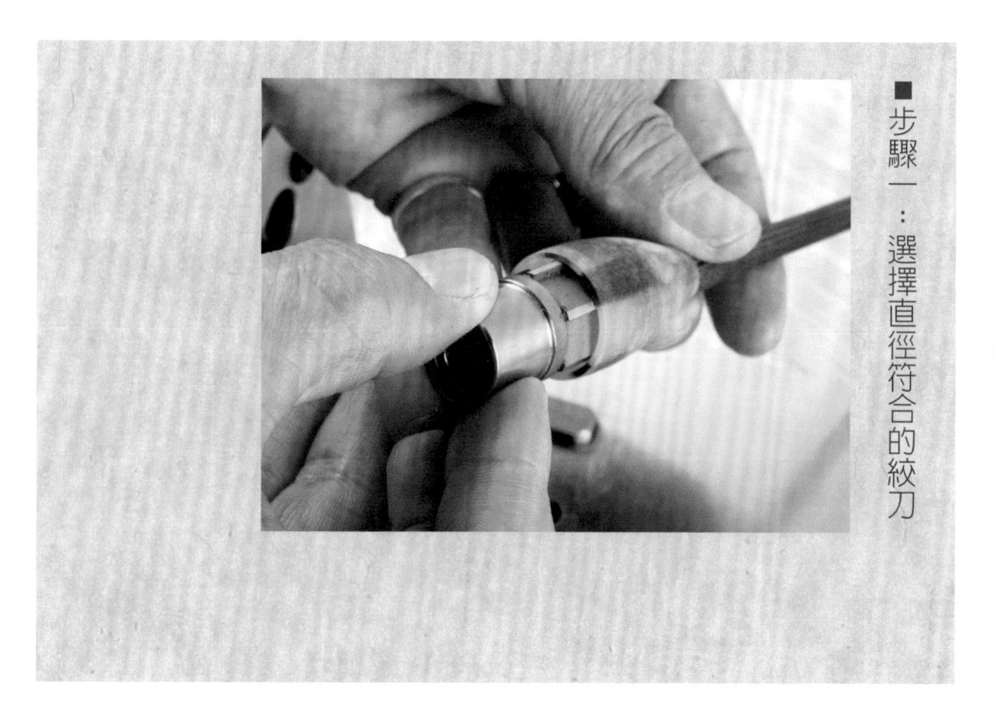

■步驟一：選擇直徑符合的絞刀

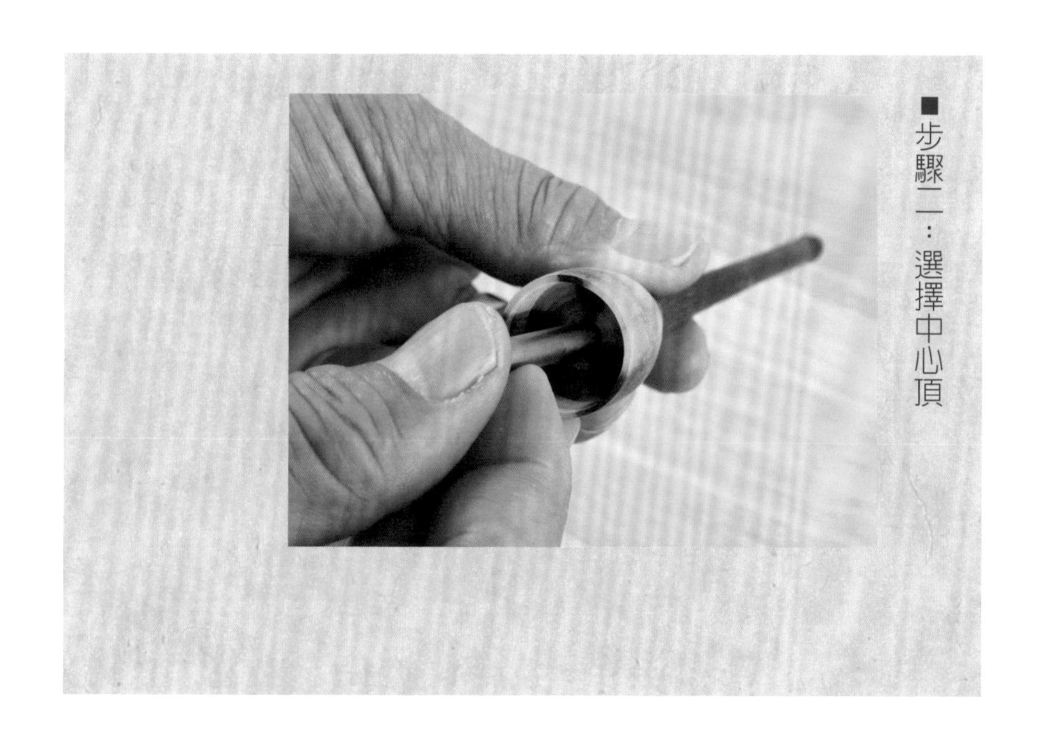

■步驟二：選擇中心頂

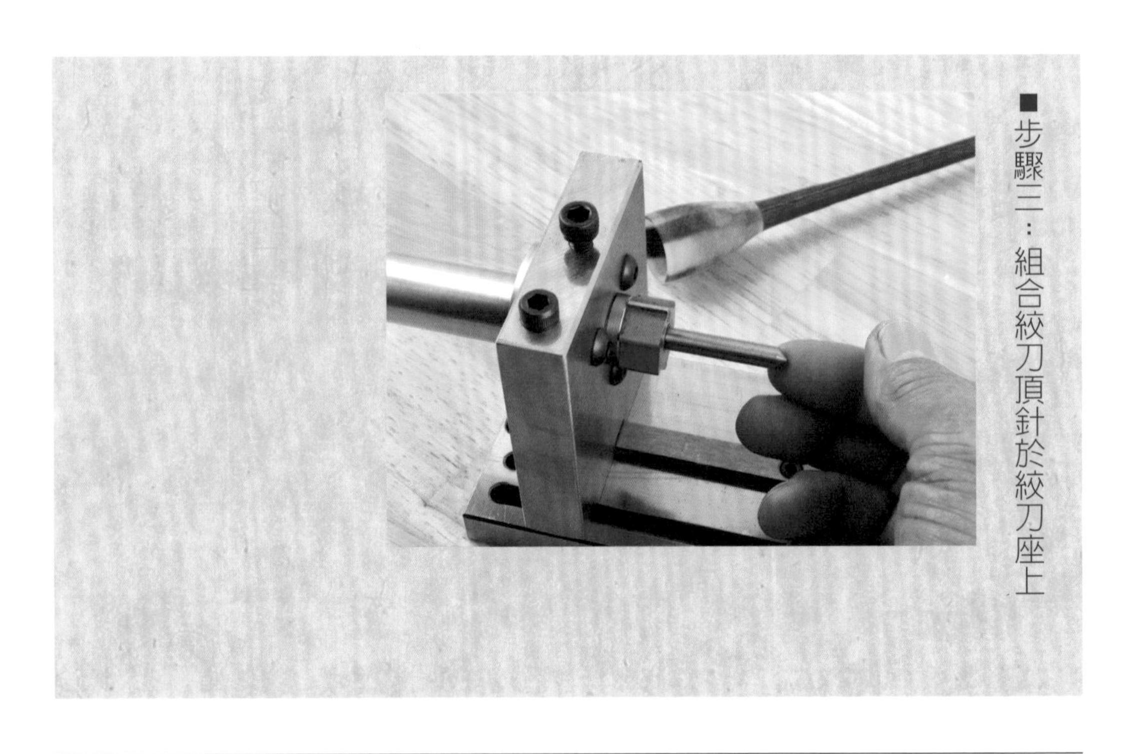
■步驟三：組合絞刀頂針於絞刀座上

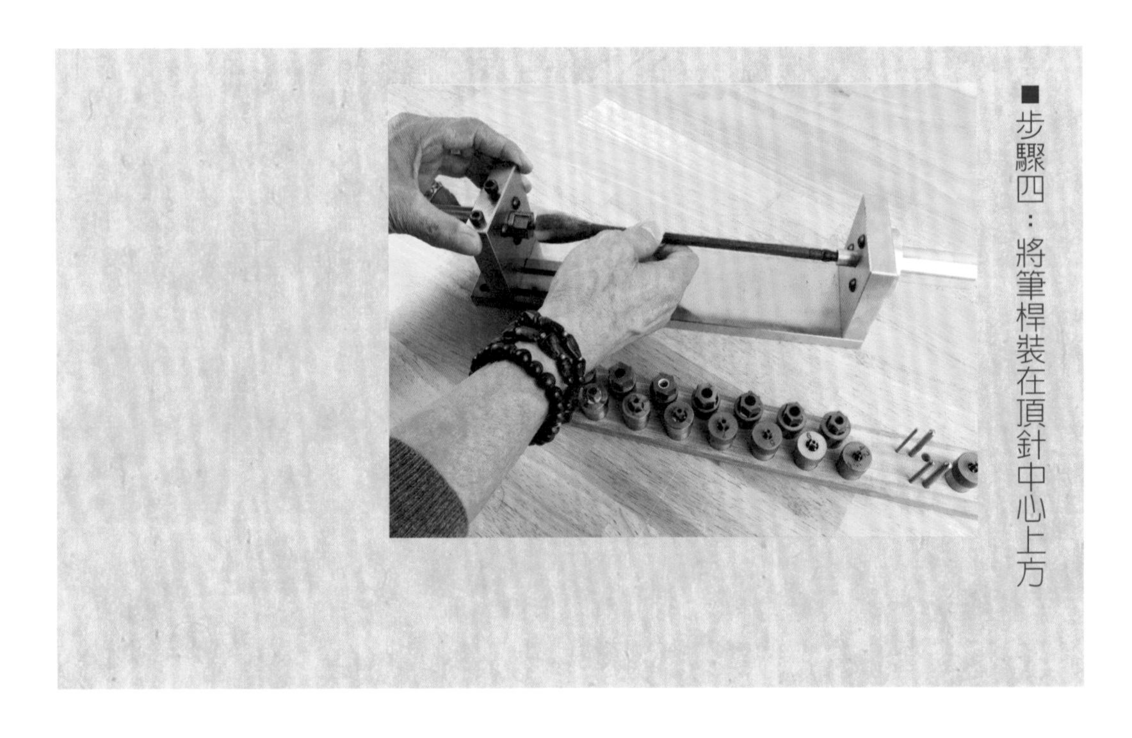
■步驟四：將筆桿裝在頂針中心上方

■步驟五：將筆桿推到絞刀具前方

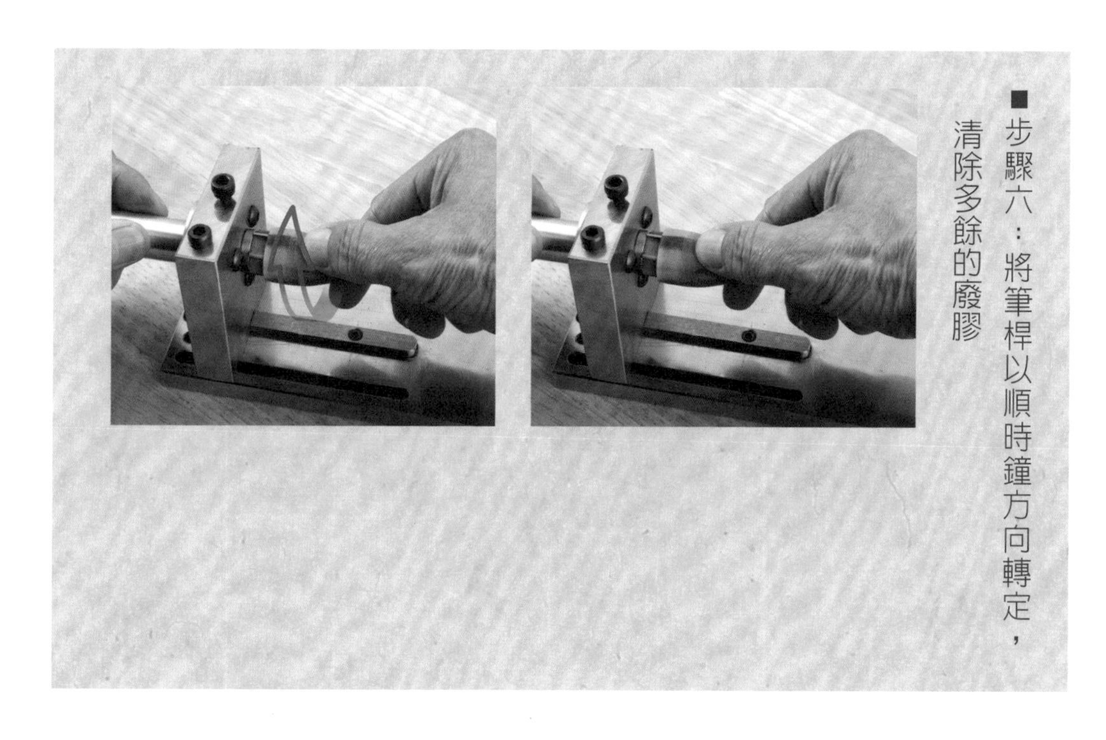

■步驟六：將筆桿以順時鐘方向轉定，清除多餘的廢膠

03

胡氏標準法，解決千年懸而未決的困境

自從與張老師認識之後，每個禮拜都會到訪毛筆工作室，找他聊聊書法，同時也得知現今書法家與國畫家的困境——目前市面上每一批出產的毛筆都沒有統一的標準，初次購買的毛筆，和下一次購買同款毛筆的筆性不盡相同，明明是同一支筆，寫起來卻非常不順手，必須從上百支毛筆中，才能找到一支適合的毛筆。

毛筆跟電器用品不一樣，沒有統一的標準，製筆師只能根據自己的經驗，即使是同一位師傅做出來的毛筆都有差異，更不用說不同人製作的了。因此，胡筆的精神就是要訂出標準，解決現今書法家與國畫家所面臨的問題。

結合工程開發背景，將毛筆規格標準化

自從跟毛筆有了更深入的了解後，才發現每支毛筆都有不大不小的差異，想到自身是工程背景出生，對於工程來說，每一件事都要有一定的標準，才不會製造出瑕疵品，當時便在思

考——如果我將毛筆的規格標準化，是不是就可以解決書法家或愛好者的困擾了？

於是，開始跟張老師討論毛筆標準化的可能性。我知道，這要施行起來有一定難度，必須要累積許多跟毛筆相關的知識、技術，需要不斷地試驗才可以做到。因此，我們歷經長達五年的嘗試，不斷在失敗中擷取經驗，才抓到適合的標準，並且訂定了「胡氏標準」。

但這還不夠，除了制定標準之外，最重要的是要做出符合標準的毛筆，將理論付諸實踐，至今已經花了七年的時間才算是真正成熟。

從最初單純對書法的興趣，無意間知道了毛筆現存的問題，以及想到可能突破之處，再結合自身過去擅長設計與開發的工程背景，將毛筆的製程標準化，只是期望能夠做出一支高品質優良的毛筆，解決千年以來，書法家懸而未決的困境。

一百六十二支筆，總有一支屬於你！

胡氏毛筆，依照筆徑大小（四公釐到二十一公釐）共十八種規格，每一規格分成長、中、短三種長度，每一種長度各有硬、標準、軟三種區別，總共有一百六十二種選擇。許多人走進販售毛筆的店面，面對架上琳琅滿目的毛筆不知道該怎麼下手，有鑑於此，我想到了「胡氏標準公式」，每一支毛筆都有獨特的筆性，只要試過之後，就會了解自己適合哪一支毛筆。

例如，今天從架子上拿了規格十一、中間長度、硬毫的胡氏毛筆，經過試寫後，覺得寫得有些不順手，改拿相同規格、相同長度，但標準硬度的毛筆，發現這支筆較為好寫，代表這支的筆性最適合自己，之後想要再次購買時，就可以直接跟老闆說：「我要規格十一、中標

毛筆跟電器用品不一樣，沒有統一的標準，製筆師只能根據自己的經驗，即使是同一位師傅做出來的毛筆都會有差異。

的毛筆。」不需要再重複試筆的過程，才可以找到順手的毛筆了。

當然隨著年紀的改變，自己的筆法不知不覺也可能發生變化，當變得更快速而隨性的行筆時，就可以改選一支較硬的筆。反之，若想把字寫得柔順帶渾厚，則可選支更柔的筆。有了規格依循，不管什麼人、什麼時期，都可以很快地找到新筆性的毛筆。

反覆計算，找出三經驗值、兩常數

「老闆，你們的毛筆怎麼分那麼多種？整面筆牆真是相當壯觀啊！」

「一百六十二種毛筆都有各自的筆性，像你手上拿的是規格十一、中標的毛筆，依照胡氏標準公式來看，它的彈性壓力是七十公克。」

「這個七十公克，是怎麼算出來的？」

「這是一個繁複的計算過程……。」

關於「胡氏標準公式」的計算方法，可以分成三個部分來看，不過，我們要先知道「三個經驗值」以及「兩個常數」。

經驗值是什麼呢？所謂的「經驗值」是經過多次的測試、驗證後，得出彈性壓力最為適中，不會太硬也不會太軟的數值。例如以最標準的規格十一當作例子，規格十一是一般人最常使用的大楷，假如設定規格十一的長度中等、標準軟度，透過機器反覆試驗後，得出七十公克的經驗值。接著用同樣的模式，測試出規格五、規格十七的經驗值，分別是二十五、二五九公克。

「一・三」、「一・一六」兩個常數，是經過多年反覆驗證而得到的結果，計算出來是合理、可驗證的數值，常數跟經驗值是一樣的，但是經驗值比較沒有根據，是老師傅多年的經驗談。而常數則是經驗值加上反覆驗證可得的規律數值。

這兩個常數是不同的概念：若要跳一個長度，就要以常數一・一六為基準；若要跳一個硬度，就以常數一・三作為基準。例如，長、中、短毛的關係是以「一・一六」常數計算為基礎，而標準軟與標準硬，兩者之間的區別在於常數「一・三」。

接著，要有一個概念：長度都以中為準，中變長要除以一・一六，中變短要乘以一・一六。硬度剛好相反，先以中標準的彈性變中硬，要乘一・三，變中軟則除一・三，再以中硬、中標、中軟乘或除一・一六換算出長硬、長標、長軟或短硬、短標、短軟。

以規格五為例，我們已經有了中標（中間長度、標準硬度）的彈性壓力數值——二十五公克，現在想要知道規格五、長標的毛筆彈性壓力，因為是往上跳一個長度計算彈性壓力，所以要根據經驗值「二十五」除以常數「一・一六」，將會得出約二十二公克的數值。若要計算短標的彈性壓力，便要乘以常數一・一六，即可得到二十九公克的數值。這樣一來，規格五就已經計算出長、中、短標準硬度的彈性壓力了。

接著，想要計算其他長度的軟硬數值，需要先把中等長度的軟硬分別算出來才可以。因此，我們就需要用到第二個常數「一・三」。已知經驗值二十五，我們往上乘以「一・三」；往下除以「一・三」，可得三十三、十九這兩個數字。即三十三、二十五、十九分別代表了中等長度的硬、標、軟。依照此規律，我們可以得出規格五整排的彈性壓力。（如表格一）

平均分攤，推算毛筆規格的彈性壓力

現在，三個經驗值的直排已經計算出來，接著就來計算橫列的數值。

依然以三個經驗值為基準，將兩個經驗值相減之後，再進行排列。比如，七十減二十五得到四十五，中間仍有數格，分別扣除十、九、八、七、六、五、四，即可得出六十、五十一、四十三、三十六、三十、二十五；同樣地，以中標最大的經驗值二五九來說，就是二五九減掉七十，得到的數值再分別減四十四、三十九、三十四、二十九、二十四、十九，得出二一五、一七六、一四二、一一三、八十九、七十。這其中的規律是平均分攤的概念。（如表格二）

長度\規格		4	5	6	7	8	9	10	11	12	13	14	15					
長	硬	24	28	34	40	48	57	67	78	100	127	159	197					
	標準	18	22	26	31	37	44	52	60	77	97	122	152					
	軟	14	17	20	24	29	34	40	46	59	75	94	117					
中	硬	27	33	39	47	56	66	78	91	116	147	185	229	280	337			
	標準	21	25	30	36	43	51	60	70	89	113	142	176	215	259			
	軟	16	19	23	28	33	39	46	54	68	87	109	135	165	199			
短	硬	32	38	45	54	65	77	90	106	134	170	214	265	324	391	416	442	467
	標準	24	29	35	42	50	59	70	81	103	131	165	204	249	300	320	340	360
	軟	19	22	27	32	38	46	54	62	79	101	127	157	192	231	246	261	277

÷1.16　×1.16　×1.3　÷1.3

表格一

往上一個長度除以常數 1.16；往下一個長度，則乘以常數 1.16。

往上一個硬度乘以常數 1.3；往下一個硬度，則除以常數 1.3。

長度\規格		4	5	6	7	8	9	10	11	12	13	14	15	16	17	18	19	20	21
長	硬	24	28	34	40	48	57	67	78	100	127	159	197						
	標準	18	22	26	31	37	44	52	60	77	97	122	152						
	軟	14	17	20	24	29	34	40	46	59	75	94	117						
中	硬	27	33	39	47	56	66	78	91	116	147	185	229	280	337				
	標準	21	25 經驗值	30	36	43	51	60	70 經驗值	89	113	142	176	215	259 經驗值				
		-4	-5	-6	-7	-8	-9	-10	-19	-24	-29	-34	-39	-44					
	軟	16	19	23	28	33	39	46	54	68	87	109	135	165	199				
短	硬	32	38	45	54	65	77	90	106	134	170	214	265	324	391	416	442	467	
	標準	24	29	35	42	50	59	70	81	103	131	165	204	249	300	320	340	360	
	軟	19	22	27	32	38	46	54	62	79	101	127	157	192	231	246	261	277	

表格二

透過三個經驗值，接著依照平均分攤規律，計算出橫列的數值。

小筆的增減幅度比較小，是因為小筆多一公釐，或少一公釐，之間的差異並不大，但是大筆多一公釐或少一公釐，直徑增加的幅度就會開始加大。以規格八跟規格九為例，這兩種規格的毛筆只相差一公釐，毛也只會差一點點，但是規格十一跟規格十二的直徑雖然只差一公釐，但毛的跨度加大，是以規格十一作為分水嶺。

當跨度平均分攤之後，到規格十七為止，中標的數字都已經填滿了，現在就可以向上、向下計算出其他規格、其他長度的彈性壓力數值。

值得注意的是，不同的毛料可以製成的長度都有極限。以中標為例，狼毫的話，規格十七就是它的長度極限，想要再長只能是羊毫跟豬鬃等毛料，因此二五九是狼毫中標的極限。

從經驗值推算出橫排的數值，再往上或往下算出直排數值，依據這些數值，即使是短毛也會有極限，最短、最硬的毛筆，只能做到四百六十七公克；而最短、最軟的毛筆，則只能做到兩百七十七公克。

狼毫的極限，手寫計算數值

從規格十七製作到一個經驗值二五九，分別乘以一．三、除以一．三，算出中硬跟中軟，分別是三三七跟一九九，由於狼毫的長度最長只能做到中標的十七公釐，再往上找不到更長的毛料了，沒辦法計算。於是，就只能拿最長的狼毫去配，配到長度的極限，這跟前面所說的數列計算方式已經不同，所以規格十八到二十短的硬、標、軟，是以另外的分攤計算公式，手寫計算出數值。（如表格三）

長度\規格		4	5	6	7	8	9	10	11	12	13	14	15	16	17	18	19	20	21
長	硬	24	28	34	40	48	57	67	78	100	127	159	197 狼毫	241 羊毫	290	309	328	347	366
															49	-19	-19	-19	-19
	標準	18	22	26	31	37	44	52	60	77	97	122	152	185	223	238	253	267	282
															38	-15	-15	-14	-15
	軟	14	17	20	24	29	34	40	46	59	75	94	117	143	172	183	194	206	217
															29	-11	-11	-12	-11 ÷1.16
中	硬	27	33	39	47	56	66	78	91	116	147	185	229	280	327 ×1.3	359	381	403	425
																-22	-22	-22	-22
	標準	21	25	30	36	43	51	60	70	89	113	142	176	215	259 經驗值	276	293	310	327
																-17	-17	-17	-17
	軟	16	19	23	28	33	39	46	54	68	87	109	135	165	199 ÷1.3	212	225	238	252
													×1.16			-13	-13	-13	-14 ÷1.16
短	硬	32	38	45	54	65	77	90	106	134	170	214	265	324	391	416	442	467	493
																-25	-26	-25	極限 +26
	標準	24	29	35	42	50	59	70	81	103	131	165	204	249	300	320	÷1.3	360	379 ÷1.3
	軟	19	22	27	32	38	46	54	62	79	101	127	157	192	231	246	÷1.3	277	292 ÷1.3

表格三

狼毫的極限，則以另外的分攤計算公式，手寫計算出的數值。

目前已經有短硬毛筆的極限數值——直徑二十公釐、彈性壓力約四六七公克，想要計算硬度就要除以一．三，可以推算出短標與短軟分別是三六〇、二七七，再據此平均分攤十七至二十的間距，推算出數值：

四六七往左推算出四四二、四一六，往右推算出四九三（間距二十五左右，四捨五入），即規格十九、十八與二十一的短硬；三六〇往左推算出三四〇、三二〇，往右推算出三七九（間距二十左右，四捨五入），即規格十九、十八與二十一的短標；二七七往左推算出二六一、二四六，往右推算出二九二（間距十五左右，四捨五入），即規格十九、十八與二十一的短軟。

超過二十短硬規格的毛料（二十一）不再是狼毫了，而是綜合毛料（羊毫、豬鬃等），其中並無狼毫。現在胡氏標準公式的短硬、短標、短軟從四到二十一皆已架構完成，我們再以二十一的短硬、短標、短軟，仍然依據一．一六和一．三的常數去反推，得到了二十一的中硬、中標、中軟，再得到二十一的長硬、長標、長軟，和十五到二十中硬、中標、中軟的數值。

接著，以規格二十一為基準，平均分攤間距往回推，計算出十五到二十一長硬、長標、長軟的數值。如此一來，所有數值都計算出來，完成了這張「胡氏標準公式」（如表格四），之後檢驗筆毫彈性壓力時，就會以此表格為基準，但因毛毫到底不是鋼鐵，十根細毛和五根粗毛截面積可能一樣，但彈性卻不一樣，所以胡氏標準的數據在正負百分之五之內，都屬標準合格，留下合格毛筆、淘汰不合格的毛筆。這個公式必須有很好的邏輯概念，才能計算出來，否則很容易寫到一半就亂掉，因此，胡氏標準公式是經過反覆驗證、精算與操作而成。

長度\規格		4	5	6	7	8	9	10	11	12	13	14	15	16	17	18	19	20	21
長	硬	24	28	34	40	48	57	67	78	100	127	159	197	241	290	309	328	347	366
	標準	18	22	26	31	37	44	52	60	77	97	122	152	185	223	238	253	267	282
	軟	14	17	20	24	29	34	40	46	59	75	94	117	143	172	183	194	206	217
中	硬	27	33	39	47	56	66	78	91	116	147	185	229	280	337	359	381	403	425
	標準	21	25	30	36	43	51	60	70	89	113	142	176	215	259	276	293	310	327
	軟	16	19	23	28	33	39	46	54	68	87	109	135	165	199	212	225	238	252
短	硬	32	38	45	54	65	77	90	106	134	170	214	265	324	391	416	442	467	493
	標準	24	29	35	42	50	59	70	81	103	131	165	204	249	300	320	340	360	379
	軟	19	22	27	32	38	46	54	62	79	101	127	157	192	231	246	261	277	292

表格四

完成的「胡氏標準公式」。由此表格可發現越長則越軟，數值越小；越短則越硬，數值越大。

04 測筆：研發檢測機器，用職人精神做毛筆

承上得知，我們了解胡氏標準的計算公式，每個規格各自的長度、軟硬的數值都已經標示得清清楚楚。在毛筆製作出來之後，就要使用機器來進行檢測，是否符合該規格的彈性壓力。

鋁製筆桿，誤差不再影響準確性

檢測毛筆規格的重點在於筆頭，但木頭製的筆桿會因為各種因素而忽大忽小導致誤差，如此一來，即使檢測完畢，也沒有用處。因此，我們使用鋁製作出各個規格大小的筆桿以及筆頭（圖一、圖二），在進行檢測時，將做好的筆毛接上鋁製筆頭，再進行檢測（圖三、圖四）。

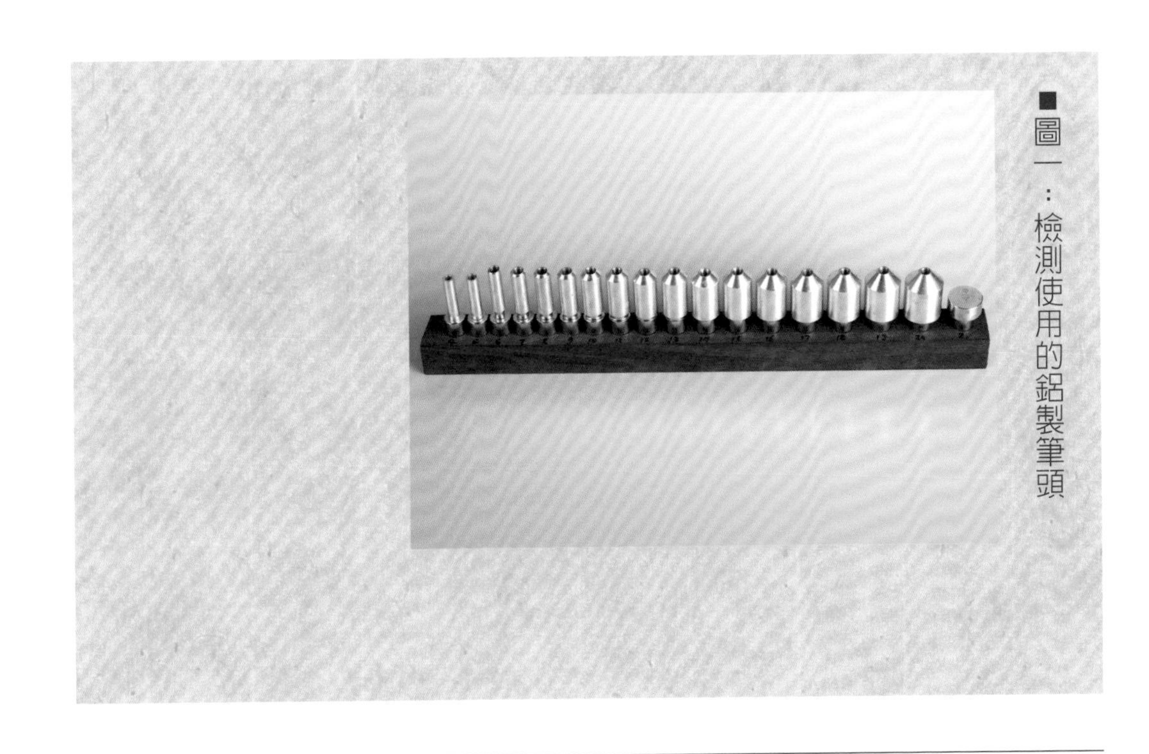

■圖一：檢測使用的鋁製筆頭

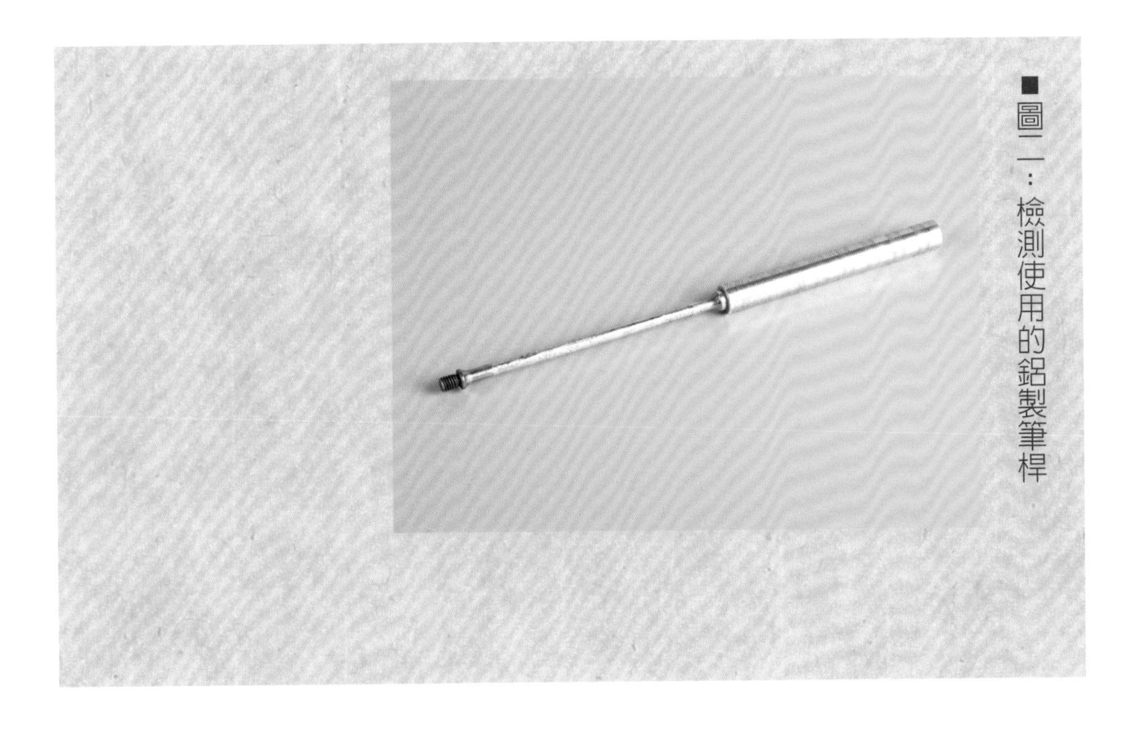

■圖二：檢測使用的鋁製筆桿

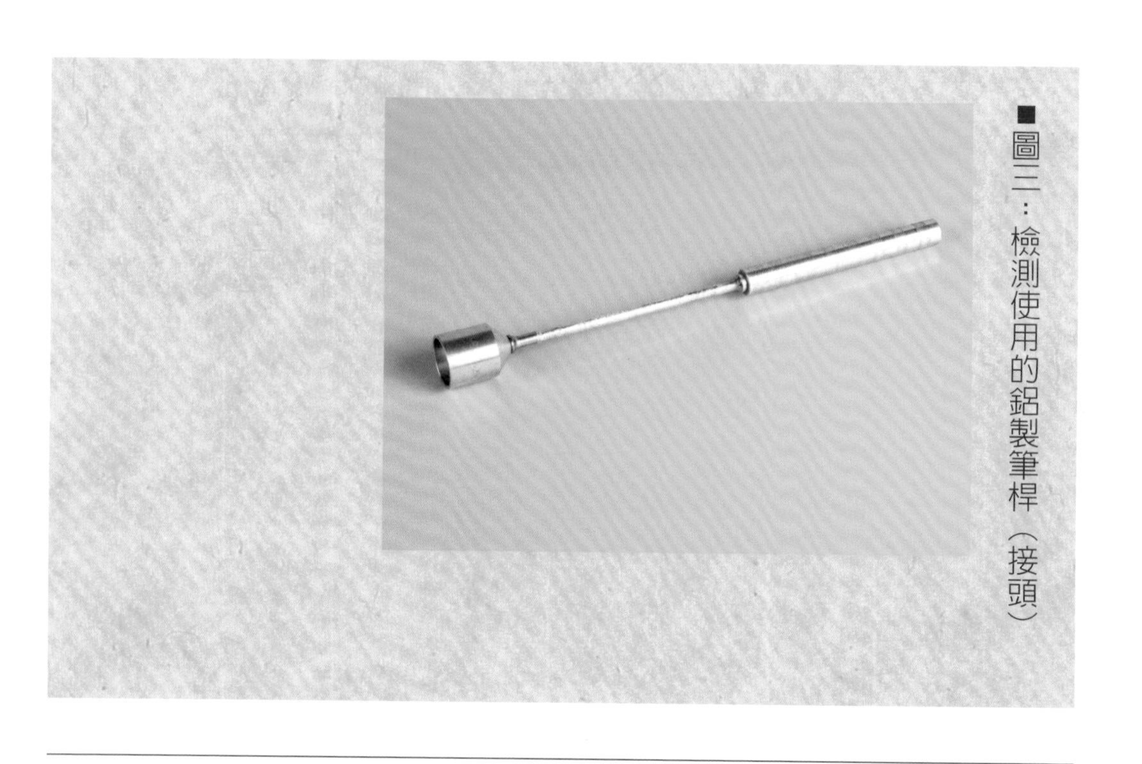

■圖三：檢測使用的鋁製筆桿（接頭）

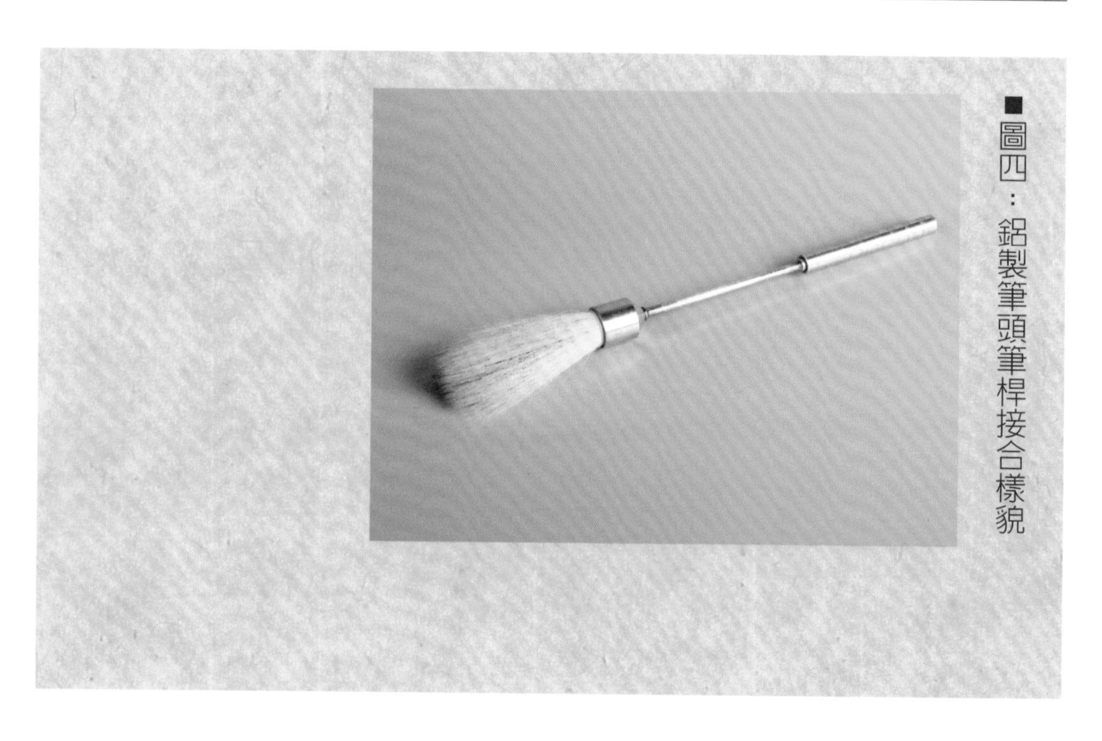

■圖四：鋁製筆頭筆桿接合樣貌

工欲善其事，必先利其器

想要檢測毛筆的標準，需要有檢測儀器，才可以準確地檢查出是否符合我們制定出來的標準。

因此，我依照人類寫字的習性來設計儀器，例如，握筆角度十二度以及四十五度運筆下壓與行進路線，利用馬達呈現筆的推進，必須使行進速度與力道一致、平穩。

開始檢測毛筆之前，會使用到的儀器為——螢幕顯示電控箱、彈性壓力磅秤器與校正偏心座（圖五），接下來一一介紹。

■圖五：檢測毛筆工具

由左至右分別是螢幕顯示電控箱、彈性壓力磅秤器、校正偏心座。

■螢幕顯示電控箱：

起初，使用手動推進的方式進行測試，但速度不一，得到的數據都不一樣，後來便設定成電動的，利用馬達推動毛筆。

電控箱可以設定速度，不論是十五、二十五、三十五的速度都可以自由設定，經過設定之後，接下來每一支受測試的毛筆都會是一樣的速度，否則前後的毛筆檢測速度不同，結果也不會是標準的。

■彈性壓力磅秤器：

把筆桿裝上彈性壓力磅秤器上，進行彈性的檢測，此時，我們的手都不能碰到毛筆，不然容易造成結果不準確。秤重的方式與一般磅秤一樣，只是它是倒放的。

我們寫字的時候，握筆的角度不會是直挺挺的九十度，很少人會用「戳」的下筆，都是稍微傾斜的方式，跟張老師研究一番後，討論出十二度是一致認為最好的角度，由經驗值推算出來的角度。

事實上，毛筆標準最初的設計為十五度以及十二度，區分為大筆與小筆，但在進行筆桿一體鑽孔時，卻發生了問題，經過多年的摸索，最後決定以十二度的握筆角度，畢竟握筆的角度也會牽涉到穩定度。

以十公釐來講，有長、中、短三種長度規格，我們要測試的彈性，先設定儀器壓到筆肚（中間）需要多少長度。毛料總長扣掉了筆頭根部插入筆孔的深度（每一尺寸的筆孔深度都有其

透過螢幕顯示電控箱，可以觀看整體操作資訊，確保流程的準確。

直徑 長度	Ø4	Ø5	Ø6	Ø7	Ø8	Ø9	Ø10	Ø11	Ø12	Ø13	Ø14	Ø15	Ø16	Ø17	Ø18	Ø19	Ø20	Ø21
長	24.5	29	33.5	38	42.5	47	51.5	56	60.5	65	69.5	74	78.5	83	87.5	92	96.5	101
標準	21	25	29	33	37	41	45	49	53	57	61	65	69	73	77	81	85	89
短	17.5	21	24.5	28	31.5	35	38.5	42	45.5	49	52.5	56	59.5	63	66.5	70	73.5	77
孔深	4	4	4	5	5	6	6	6	7	7	8	8	8	9	9	10	10	10

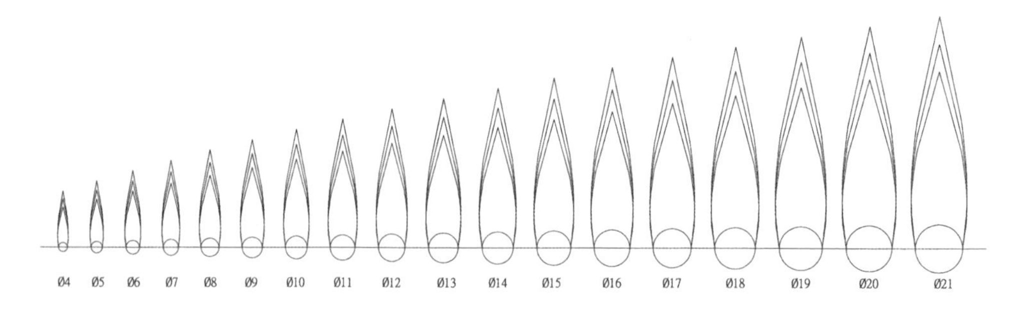

毛筆檢測規格表

標準）；以後，剩下的部分除以二，就是筆肚的所在。

例如，直徑二十一有三種長度──短、中、長，先測試短的筆頭，扣掉根部後的長度為三十八·五，一半即是三十八·五除以二，四捨五入後可得十九，也就是筆肚，因此把機器的位置定在十九公釐。

速度設定在五十公分／一分鐘，就是用一分鐘跑五十公分的速度來檢測它，這是我們平時寫毛筆的速度，模擬這個速度來檢測毛筆。

■校正偏心座

檢測毛筆前，第一個動作首先要「校正」。

將筆毫沾濕、梳毛，確保沒有打結之後，接上校正偏心座上，尖對尖，確認中心點是否對齊。

檢測筆毛，每一步都不可忽略

當一切的準備都就緒後，校正偏心座會先把筆桿跟筆毛都確認對齊中心點，不偏不倚，才可以開始進行檢測。

■步驟一

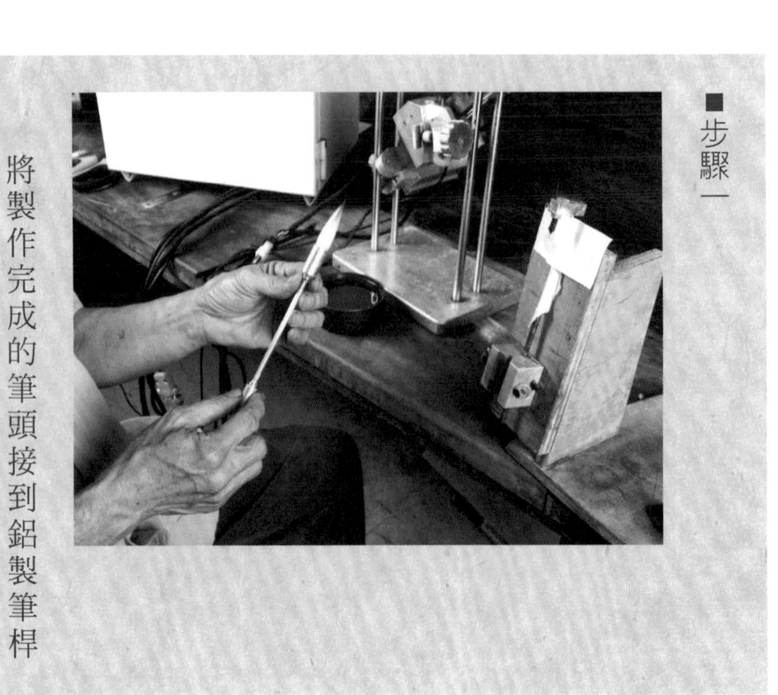

將製作完成的筆頭接到鋁製筆桿上。

■步驟二

將筆桿裝在校正偏心座，確認中心點是否對齊。

■步驟三

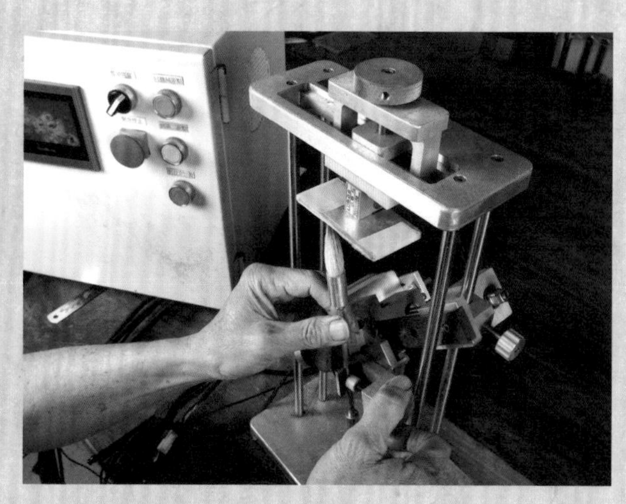

將毛筆放置在彈性壓力磅秤器，鎖緊並設定距離，筆毛的尖頭要稍微有點碰到迷你磅秤，卻又碰不到的若有似無地感覺。

■步驟四

按下電箱的啟動鍵，本次的檢測規格為十二中硬，請參考胡氏標準檢測公式，有一定的數值。

■步驟五

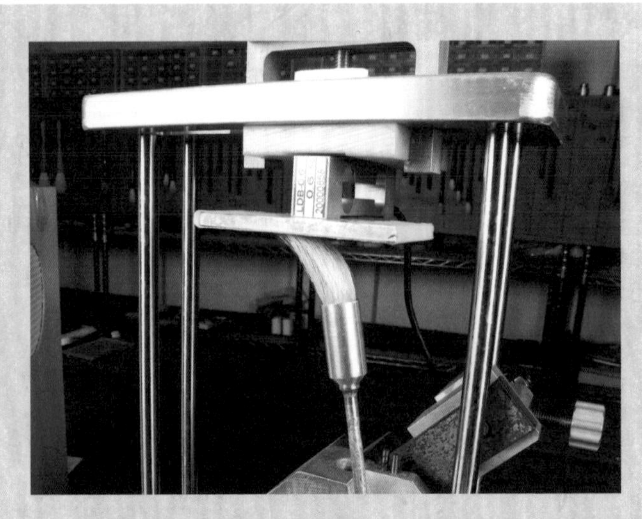

磅秤以二十五的速率往下壓，直到十九，最後會測得一個數值，便是此支毛筆的彈性壓力。

每一次在進行毛筆的測試時，都要取五次檢測的平均值，如果在「胡氏標準檢測公式」數值的範圍內，就是達到標準。

為什麼要測試五次呢？因為一支筆有上萬根毛。每批毛的粗細、毛跟毛之間的摩擦力、每一次沾水的多寡，都會造成力量不穩定，形成檢測結果不一樣，因此會有些微的誤差。（我們的誤差值設定在正負百分之五內）

磅秤與電子的結合，每一支筆都有了標準和規範

自古以來，為什麼還沒有人可以做出一套標準的毛筆？只有「胡氏標準製筆」有辦法設計出儀器，檢測出毛筆的標準？

毛筆都是手工製造，由不同的師傅依照經驗製作而成，而手工也就代表著沒有「準確」的標準，因而導致市面上雖然是同一個規格，手感卻都不一樣，甚至是同一位師傅製作的毛筆，也會有所差異。

胡氏標準檢測的儀器最為重要的就是彈性壓力磅秤器，實際上這就是一個迷你磅秤，我將它與電子做結合，只是把磅秤反過來而已。

「為什麼要反過來呢？」張老師看見磅秤器的樣貌後，好奇地問。

主要原因是：當把毛筆朝下掛置，如果沾了水之後，水會滴在磅秤上，這樣子就會多了水的重量，檢測結果就更不準確了。

筆頭測試好，取了檢測五次的平均值，確認符合「胡氏標準檢測公式」後，再接上筆桿，一支筆才算真正完成了！

05 筆上技藝：想寫什麼字，就用什麼筆！

刻字是一項功夫頗深的技藝，講求的是字體大小勻稱，字距平均，整行字都要像是「一支香」一樣整齊。

刻字的筆順不像我們平時書寫的筆劃，而是一次性刻好相同的筆劃，再刻另一種，因此對於字體結構與排列的熟稔度具有極高的要求，不僅要刀法純熟，還要有書法的底子，才可以為整支毛筆增添美感。

筆上刻字，張文昇老師的絕活

張文昇老師在毛筆上刻字是快要失傳的技藝，都是親手刻製，獨一無二。刻字已然成為他直覺性的動作，憑感覺，刀動手動，是他的絕活。字刻完後再上色，才能把字體顯現出來，大家買了胡筆之後，能夠當作禮物送人，還可以在毛筆上面刻上受贈人的名字，不同於機器雷射，手工刻字別有一番特殊韻味和精緻度。

胡氏標準的毛筆會刻上標章跟題字，即規格「（胡筆）標章和張文昇製」（本書示範是張文昇老師手工刻字，若無特殊要求，只用雷射刻字或根本不刻字，價位上也會稍微便宜些），「胡筆標章」是代表這支筆符合「胡筆標準」，「張文昇製」是表示由張文昇手法製作出的毛筆。

編碼原則是前兩個數字為筆徑；第三個數字則代表長度，「1」長、「2」中、「3」短；第四碼代表彈性，「1」硬、「2」標、「3」軟，例如0413就是4號長軟；1821就是18號中硬。

咦？哪種尺寸的筆適合我呢？

相信有很多書法愛好者都曾經遇過這個問題，而初學者更可能會很混亂，看著牆面上一排排的毛筆，大中小，卻不知道該如何選擇。

關於衡量毛筆大小有兩個重要的指標，一是筆頭的直徑，稱為「筆徑」，二是毛筆露出筆桿的長度，稱為「鋒長」。一般來說，只要看毛筆的筆徑跟鋒長，就可以區分毛筆的大小和軟硬度，長的軟，短的硬。

■毛筆規格與尺寸

規格	小楷	中楷	大楷	大筆
筆頭直徑	五、六公釐	八、九公釐	十一、十二公釐	十四公釐以上

從表格可以發現到，毛筆書寫大中小的規格直徑，中間跳過了七公釐、十公釐、十三公釐，這是因為各家認知不同，容許一些模糊地帶。

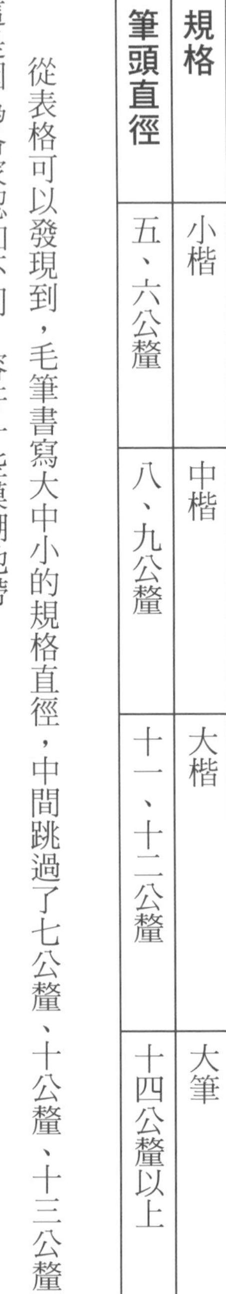

胡筆：大中小尺寸陳列圖（4、6、9、12、17、21）

以下分門別類，來介紹我們常用的規格：

■小楷

小楷的鋒長在二十一公釐，筆徑在五公釐左右。寫出來的字大約像是硬幣般大小。常常聽人說：「大筆可寫小字，小筆不宜寫大字。」這是因為筆頭壓散後很難復原，影響之後的使用。

對初學者來說，先學大字，再寫小字會來得較容易，因為大字可以讓我們把字的結構學好，寫好大字後，想要寫小字就會稍容易些。

筆徑 6 公釐的胡筆
（長硬、中硬、短標）

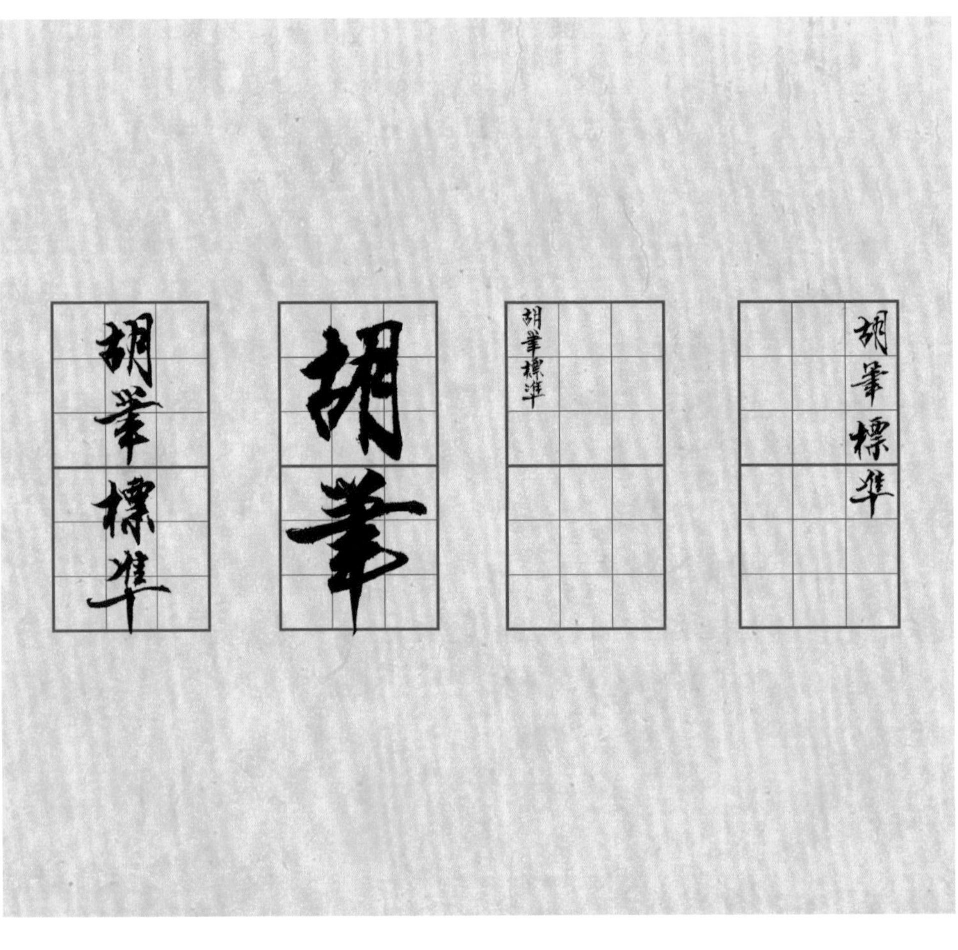

筆徑 6mm
標準大小
24 格紙示範寫法

筆徑 6mm
小筆寫大字
24 格紙示範寫法

筆徑 4mm
標準大小
24 格紙示範寫法

筆徑 4mm
小筆寫大字
24 格紙示範寫法

■中楷

中楷的鋒長不超過五十公釐，筆徑約八公釐，這支就是日常中常見的毛筆，寫出來的字大約在六十公釐左右的字體，這樣的尺寸也是最適合初學者練習書法的大小。

剛開始練習書法時，都會拿歐、顏、柳、趙的書帖描紅，建議使用中楷練習。

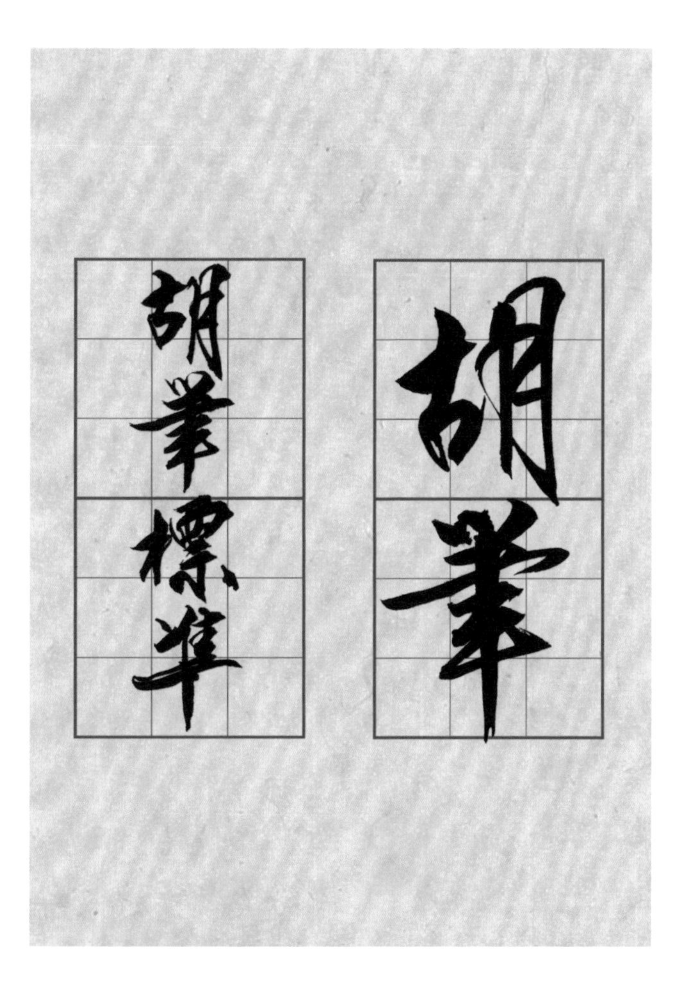

筆徑 9mm
標準大小
12 格紙示範寫法

筆徑 9mm
小筆寫大字
12 格紙示範寫法

■大楷

大楷鋒長五十公釐以上，筆徑是十一公釐或以上，這種大小的毛筆比較常用於寫對聯、墨水畫。

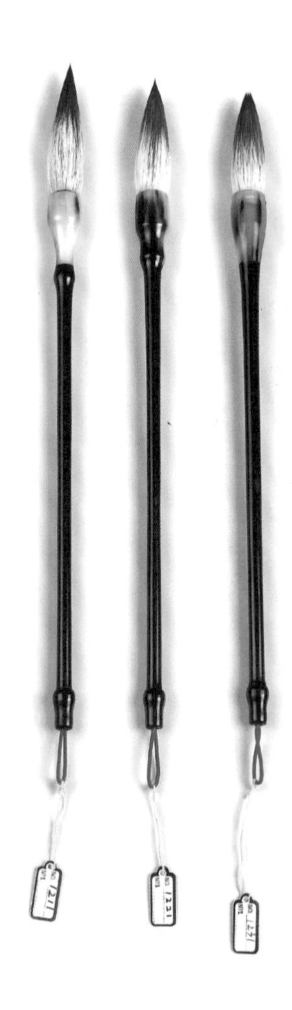

筆徑 12 公釐的胡筆
（長硬、中硬、短硬）

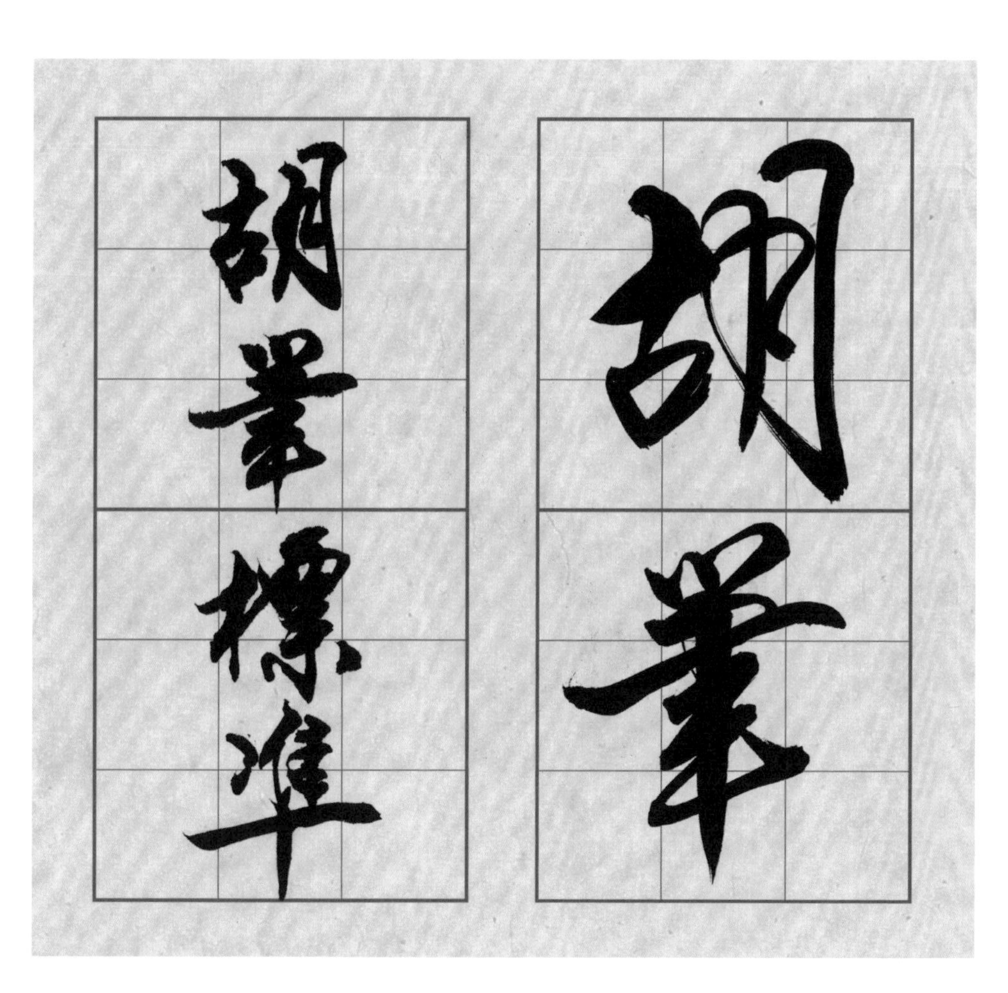

筆徑 12mm
標準大小
6 格紙示範寫法

筆徑 12mm
小筆寫大字
6 格紙示範寫法

■大筆

鋒長六十公釐以上，筆徑是十四公釐以上，這種尺寸的毛筆通常是用來寫牌匾、對聯。

筆徑 17mm
小筆寫大字
15 格紙示範寫法

筆徑 17mm
標準大小
6 格紙示範寫法

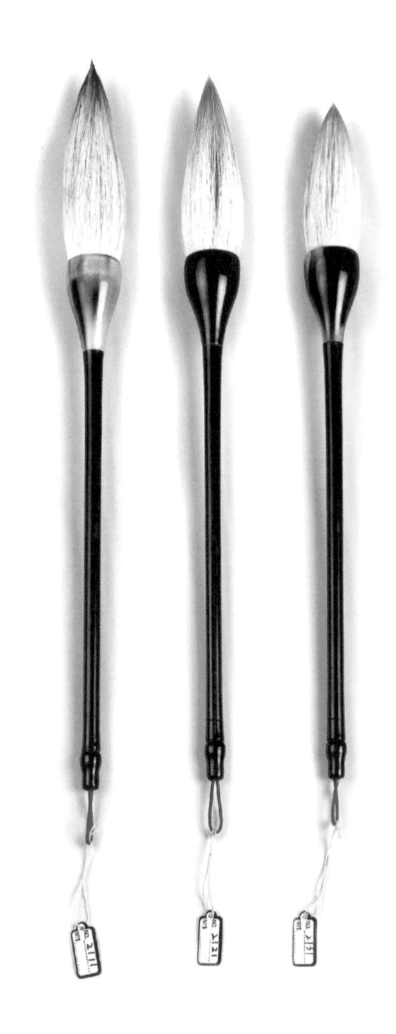

筆徑 21 公釐的胡筆
（長硬、中硬、短硬）

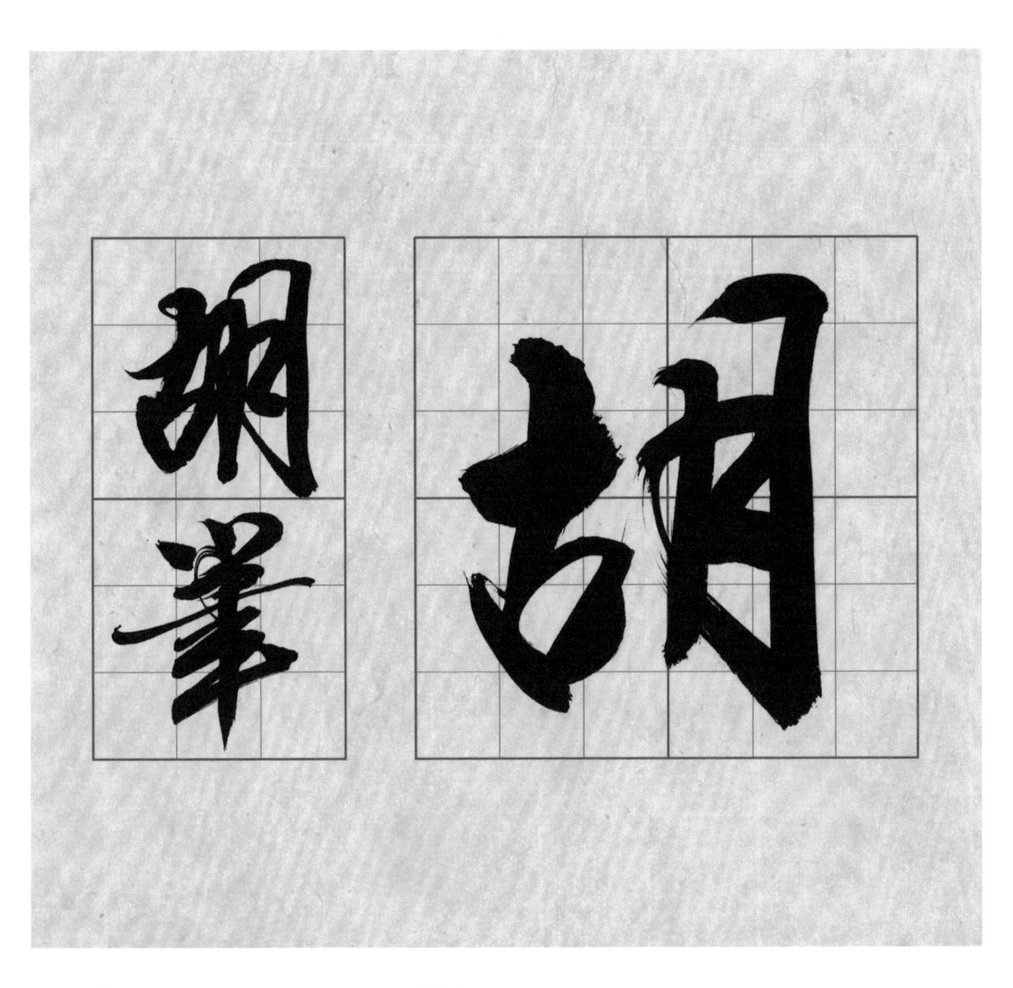

筆徑 21mm
標準大小
6 格紙示範寫法

筆徑 21mm
小筆寫大字
6 格紙示範寫法

什麼字用什麼筆？書法老師寫給你看

介紹了毛筆的尺寸，但許多初學者仍對寫什麼字該用什麼樣的筆感到疑惑，哪一種最為適合？

由張文昇老師示範書寫，用胡筆臨帖「胡筆標準」來呈現——篆書、隸書、楷書、行書（行楷、行草）、草書，六大類各自最適合使用的毛筆。

■篆書

經過多年的演變，篆書從原本方峻的筆劃，演變成現今我們熟知的勻稱線條，想要將篆書寫得好看，需要有多年的筆齡才有可能。所以，一般書寫篆書的人，都是擁有多年的練筆經驗，握筆行字穩健，皆使用純羊毫或兼毫書寫，在胡筆標準裡建議選用長軟來書寫。

筆上刻字的成品，這項刀動手動的直覺式絕活已經是快要失傳的技藝。

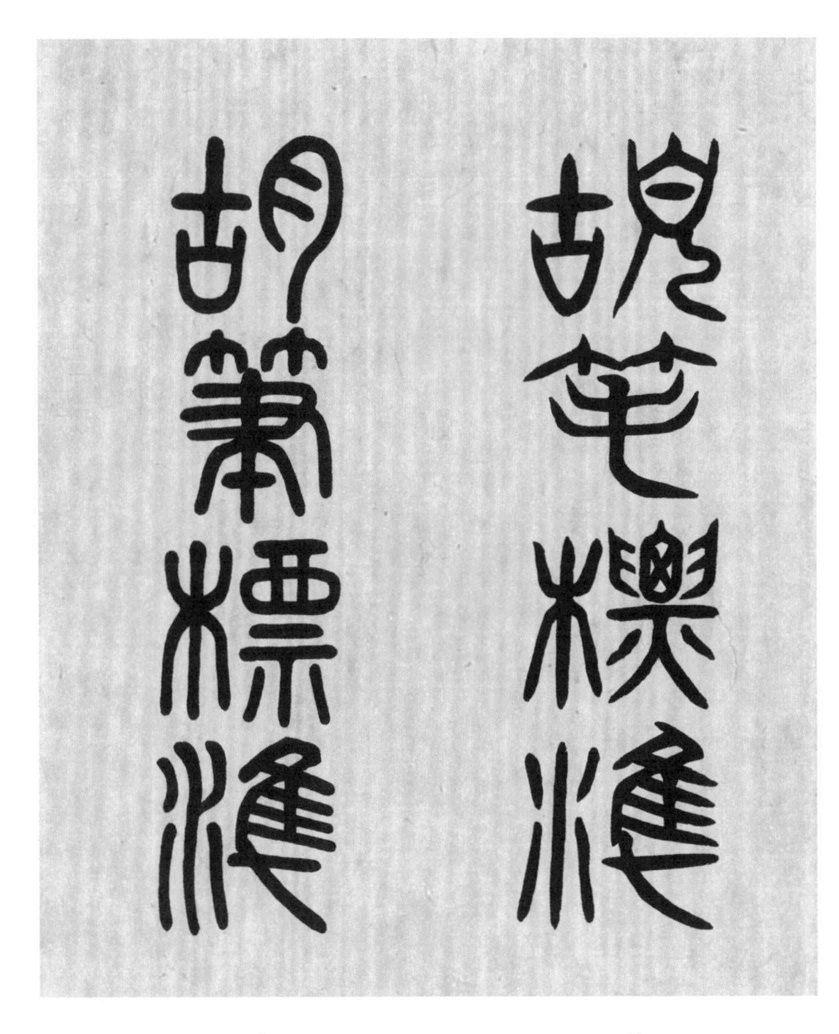

小篆

使用筆徑 14 公釐的長軟毛筆書寫的小篆。

大篆

使用筆徑 14 公釐的長軟毛筆書寫的大篆。

■隸書

隸書相比起小篆，字體更為端正整齊，「蠶頭雁尾」就是在形容隸書的風格。隸書多逆筆突進，字體寬扁，必須使用可以逆筆中鋒書寫的毛筆，因此使用胡筆標準的長軟會比純羊毛更能表現出隸書的波勢。

胡筆標準

隸書

使用筆徑 14 公釐的長軟毛筆書寫的隸書。

■楷書

許多人的入門書法就是楷書，它是一種特別規整的字體，結構呈現平穩方正、典雅端莊，「永字八法」為古代書法家練習楷書的運筆技法。楷書在運筆時速度比較緩慢，注重筆對紙的力度，因此選用筆腰韌性好的毛筆，才可以寫出剛柔並濟的效果。

一般選用富有彈性的狼毫或兼毫，才能在點劃、轉折進行收放；由於羊毫的彈性較弱，因此較不建議使用羊毫。

楷書

使用筆徑14公釐的中軟毛筆書寫的楷書。

■行書

行書的運筆速度快，筆劃變化多，再加上有的筆劃需要一氣呵成，才能寫出行書的效果，所以建議使用硬毫來書寫，才可以展現行書抑揚頓挫的風格變化。

軟毫的韌性低，難以控制，因而較不建議初學者使用軟毫練習行書。

行楷

使用筆徑 14 公釐的中標毛筆書寫的行楷。

行書

使用筆徑 14 公釐的中硬毛筆書寫的行書。

■草書

草書的風格自由、狂放，每一筆一畫都具有節奏感，筆劃看似淩亂毫無章法，實際上每一筆都非常講究。因而，為了追求流暢的書寫效果，硬毫比較爽利，便於揮灑。

狂草

使用筆徑 14 公釐的短硬毛筆書寫的草書。狂草是草書中最放縱的一種風格，字與字互相牽連，一氣呵成。

草書

使用筆徑 14 公釐的短標毛筆書寫的草書。

身為一名初學者，建議可以選擇「胡氏標準毛筆」筆徑八公釐、中標的毛筆，對於剛寫毛筆字的人來說較為合適，練習楷書或是行楷都可以順暢地運筆，既有柔韌性，也不乏剛健的彈性。

最重要的是，自古以來，無人做得到——從十八種筆徑，創造出一百六十二種筆性的毛筆，一次解決所有用筆人的困擾，走到筆架前，隨便挑選任一尺寸的筆，沾上些水，都可在水寫紙前試寫，不合的話，再向左右的大小筆徑挑選，或是自上下的長短軟硬度挑選，很容易就可找到自己屬意的傳家筆，這也算是我對人類文明所做的一點小小的貢獻。

千里雲山舒望眼

雨間風物入吟懷

己亥冬月張文昇

06 筆立：立足台灣，讓世界看見「胡氏標準毛筆」

新的一年到來，手機裡社群軟體紛紛響起來，多數人都使用貼圖來傳達新年的祝福。而我，則是拿起毛筆，一筆一畫寫下新年祝福，在相互登門拜年之時，親自送上字帖，藉此展現對親友的重視與祝福之意。

「胡董，你的字不像是哪一派的啊！」有一次，朋友看見我寫的座右銘笑笑地說。

「那是因為我不是臨摹哪一位大師啊，都是隨興寫的。」

「哈！那你這可是自成一格啊！」朋友大笑。

從器械到毛筆，標準毛筆成志業

書法一開始只是我的興趣，偶爾才會拿起筆來寫，沒想到製作毛筆成為現在投入的志業。

從工具製造業跨足書法技藝領域，相當於另一個世界，起初對於書法與毛筆的了解甚少，

彩虹之美因多色而共存
人生之美因多人而共榮
歲次庚子 胡厚飛書

作者胡厚飛毛筆手稿：「彩虹之美，因多色而共存；人生之美，因多人而共榮。」（出自《心靈轉個彎》，洪寬可著）

當再次提起筆揮毫後，才想起了當初寫字的情感。認識張文昇老師後，才意識到如今的毛筆沒有一套相同的標準，為了使得許多愛書法之人士有更好的毛筆，可以揮灑心中的情緒，隨即投入「胡氏標準毛筆」的開創。

從毫無頭緒、設計測試機器，到筆頭規格驗證，從失敗中反覆調整、嘗試，蓄積已久，如今，這一百六十二支毛筆即將面世。因而寫出《胡氏標準：千百年來第一人，創造出毛筆的標準》，期許可以透過本書，讓普羅大眾理解毛筆的製程，以及找到一支適合自己的毛筆有多麼難得。

專業製筆，多一個選擇

毛筆作為一種書寫工具，也許有人會認為書局的毛筆就可以應付學校作業了，但願意花時間、金錢去尋找一支好用的毛筆，幾乎都是喜歡寫字的藝文愛好者。因此，胡氏標準毛筆就是針對這類客群，可以針對客戶所寫的書體、習慣，

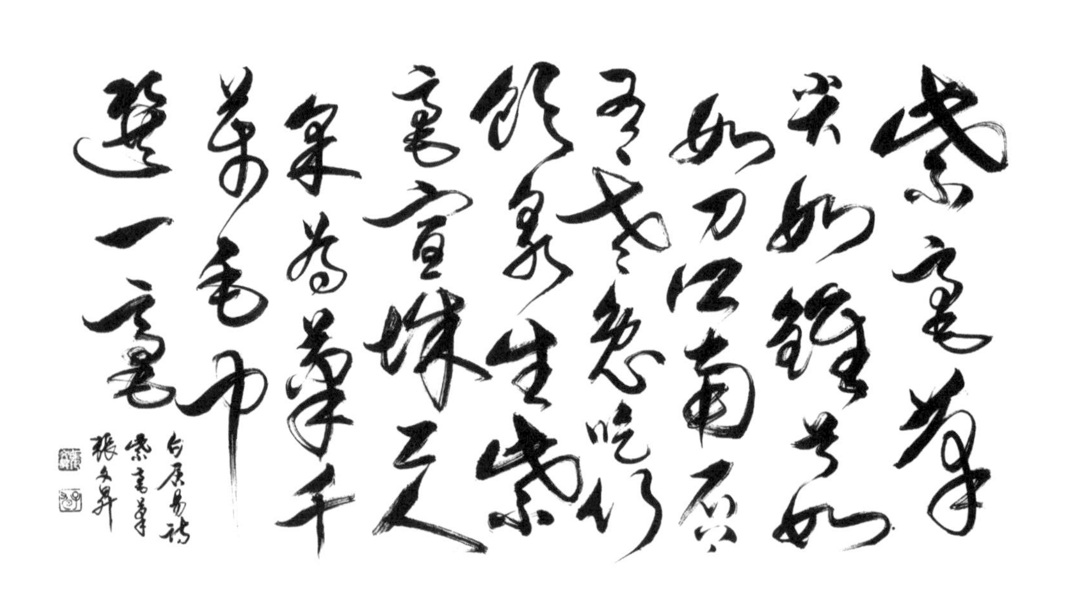

來挑選適合自己的毛筆，等於是客製化一支毛筆，送給自己。

我們普遍到一家毛筆店，購買毛筆都是沒有標準、隨便挑選，店家也不太可能讓消費者一支一支試筆，因為白膠會散開，破壞毛筆初始的完整性，但是胡氏標準的毛筆不需要上膠，可以讓消費者慢慢測試，實際書寫，感受書寫的手感。

在台灣，賣毛筆的專賣店很多，但真正為書寫者客製化的毛筆卻很少，因此我們非常希望可以將「胡氏標準」推廣出去，讓每個愛好者可以有更多的選擇，挑選出適合自己的毛筆，寫出的字也可以呈現到最好。

想要推廣毛筆，就要從解決人類的需求開始，明白使用者的需要與痛點，才不會形成一種虛華的表現，而是要讓人覺得這是實用的東西。

若問書法大家：「你的毛筆去哪裡買的？」、「哪一家最有名？」可能他自己也未必能夠詳細表達正在使用的毛筆。追根究柢，會造成這樣的情況，正是因為每一批的毛筆彈性不一，就連張大千大師也會碰到這個問題。

台灣人口還是比較少的，所以在推廣「胡氏製筆」，思考良久，還是決定先有一家實體店面。「胡氏製筆」的特色就是，分成許多規格，因此只要在第一次購買時，經過機器測試、試寫確認規格，往後想要回購，便可以透過網路購買了。

消費者當然可以拿自己的毛筆到店面詢問，會由專業老師測量筆的長度、直徑、彈性，並且找出與之對應的「胡氏製筆」，提供給消費者嘗試，讓他們有多一種選擇。

當然，不只是在台灣立足，我們更希望將台灣自有品牌行銷到世界上，讓大家知道台灣也可以做出一支高質量、高規格的毛筆。想要將台灣毛筆推廣到世界各地，就得靠櫃位設點，讓大家看見。

然而，設點太少，很難推廣；設點太多，又會造成成本增加。若要在一家店面擺設毛筆寄賣，再加上機器擺設、操作者，讓消費者可以直接在現場看見測試情況，對於毛筆本身才會更有信任感。

另外，在評估通路上面，會特別挑選專業的毛筆店作為首選，尤其是老闆需要懂毛筆，才可以讓消費者得到專業的建議。

唯一指定用筆品牌——胡氏製筆

想要讓對於書法本身沒有太多研究的大眾，更加了解毛筆，就必須要做到廣告推廣，搭配各個活動，藉以提升並凝聚大眾對毛筆的認識與愛好。

推廣方式除了毛筆的交流、書籍知識，以及分享會，跟消費者面對面，讓他們可以親眼見到、親手摸到這支客製化毛筆，透過張文昇老師揮毫胡筆的樣態下，讓消費者更可以直觀感受到毛筆書寫的流暢度與高品質。

這類的活動除了吸引一般消費者，書法專業人士也會親臨現場，想看看到底是什麼樣的毛筆，可以稱作「標準」？這類藝文雅士都有一定的鑑賞能力，相當注重小細節，我們只需要拿

出上好的毛筆來說服，不需要多說什麼大道理。不論是太軟或太硬，我們都可以馬上換給你，共有一百六十二支毛筆供人挑選，一網打盡，從小朋友到垂暮之年的老翁都有適合的毛筆可以使用，書法家除了大筆寫大字外，落款、小字等等需要用到小筆去書寫，任何需求，胡氏標準筆都可以滿足。

推廣是一條漫長的道路，想要快速出名就得砸錢，但成效不一定好。倘若拿出一筆廣告費，不能直接灑下去，這樣就像是灑向大海——換得一場空。所以想要打響品牌，廣告必不可少，同時也要多參與活動、展覽，以及解決各式各樣的危機，過程中可能有人會質疑標準是如何制定、品質等，都需要一一解決。

「千里之行，始於足下。」這一切的一切就從台北開展，加上網路的傳播與曝光、舉辦相關活動，將胡筆如火炬般傳遞開來。等到在台灣有一定的知名度後，再向海外拓展，讓本土唯一的標準毛筆走出國門，邁向全世界，也成為書法名家心中的唯一指定用筆品牌。

附錄

胡厚飛雅藝藏品欣賞

筆下揮灑，紓解胸臆，筆上賞玩，怡情養性。

胡筆之外，萬千藏品鑑賞大公開，傳家無價寶流光饗宴——水滴、墨條（硃砂墨、黑墨）、端硯、宜興壺、弓箭、盆栽、竹籃、黑毛柿（黑檀木）等，收攏情意，藏進深韻，帶您一窺殿堂級的風雅逸趣。

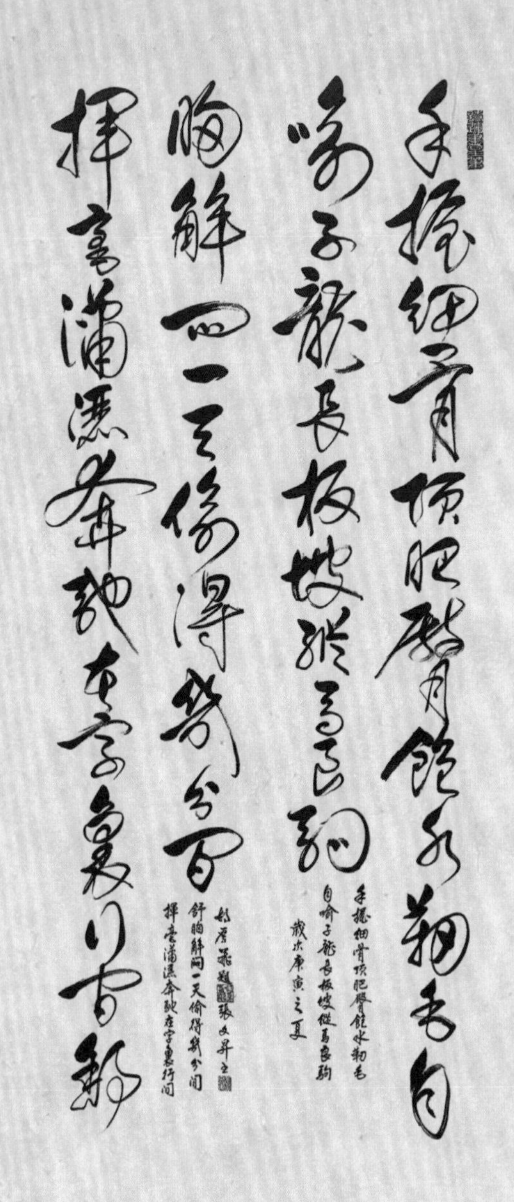

手握細骨頂肥臀飽水韌毛，自喻子龍長坂坡縱馬良駒，
舒胸解悶一天偷得幾分閒，揮毫瀟灑奔馳在字裡行間。
胡厚飛 ◎ 詩文
張文昇 ◎ 行草

01 水滴

水滴又稱硯滴，當墨汁太過濃稠時，專門用來加水，以調節濃淡的器皿。

硯滴的文化源自於中國，一開始僅是古代文人雅士把玩、收藏的器皿，後來到了日本才發揚光大。直至現在，日本還有許多專門製作水滴的工匠，特此分享這些精巧細緻的水滴藏品。

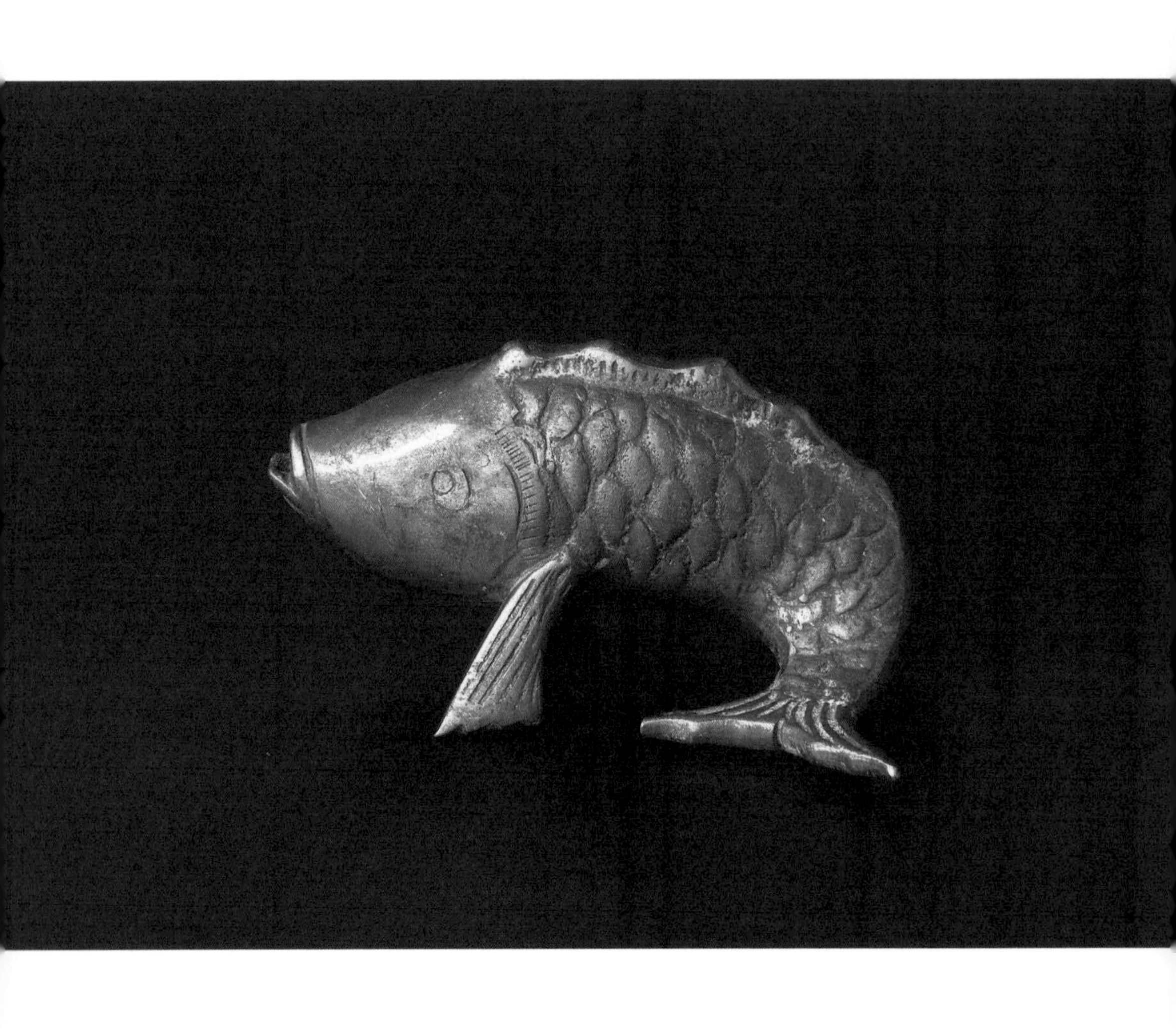

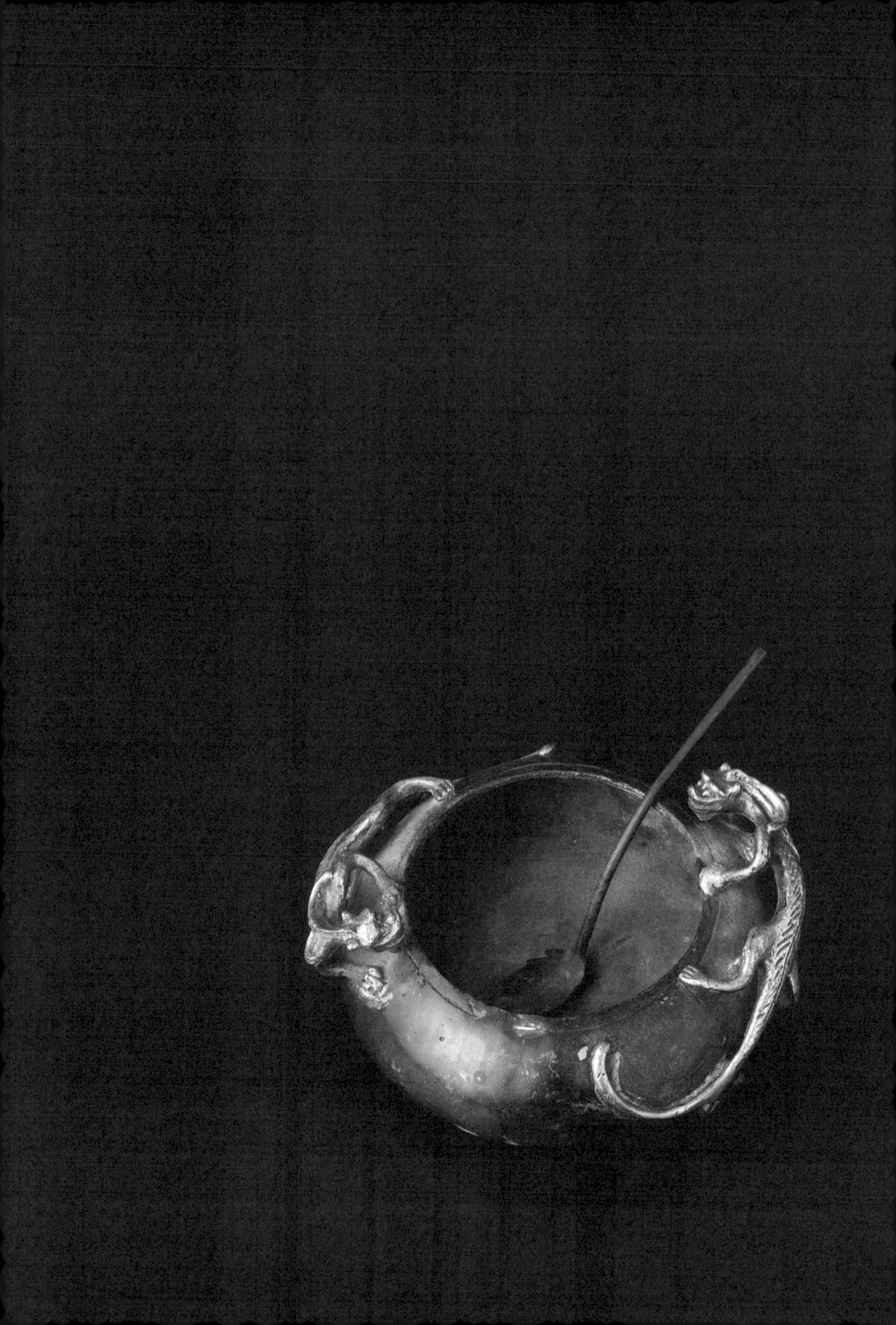

02 墨條

墨，是毛筆的動力來源，蘸墨提筆，始能一展胸臆。

除了一般較為常見的黑墨，硃砂墨更是我的心頭好，據傳是古代皇帝眉批時使用，比一般墨塊沉重，磨出的顏色也是沉甸甸的暗紅，這種紅往往被稱作「狀元紅」，古時，除了作為眉批之用，也用在試卷批改、抄寫經文等重要事務上。

宣情
試臣雅操
袁賛勳造
先天氣

涵德書屋

03 端硯

硯台屬「發墨」之器，有陶、泥、石等各式材質，論工藝，重品相，用手撫摸，如嬰兒之肌，滑潤細緻即為上品，沾水試硯，如船過無痕，墨水於其間，就像是一汪泉，看似清清淺淺，實則深不可測。

我的主要藏品多是「名硯之首」的端硯，特別是出自老坑，累積下來大約已有上千方，這裡特別分享給「文房四寶的同好」。

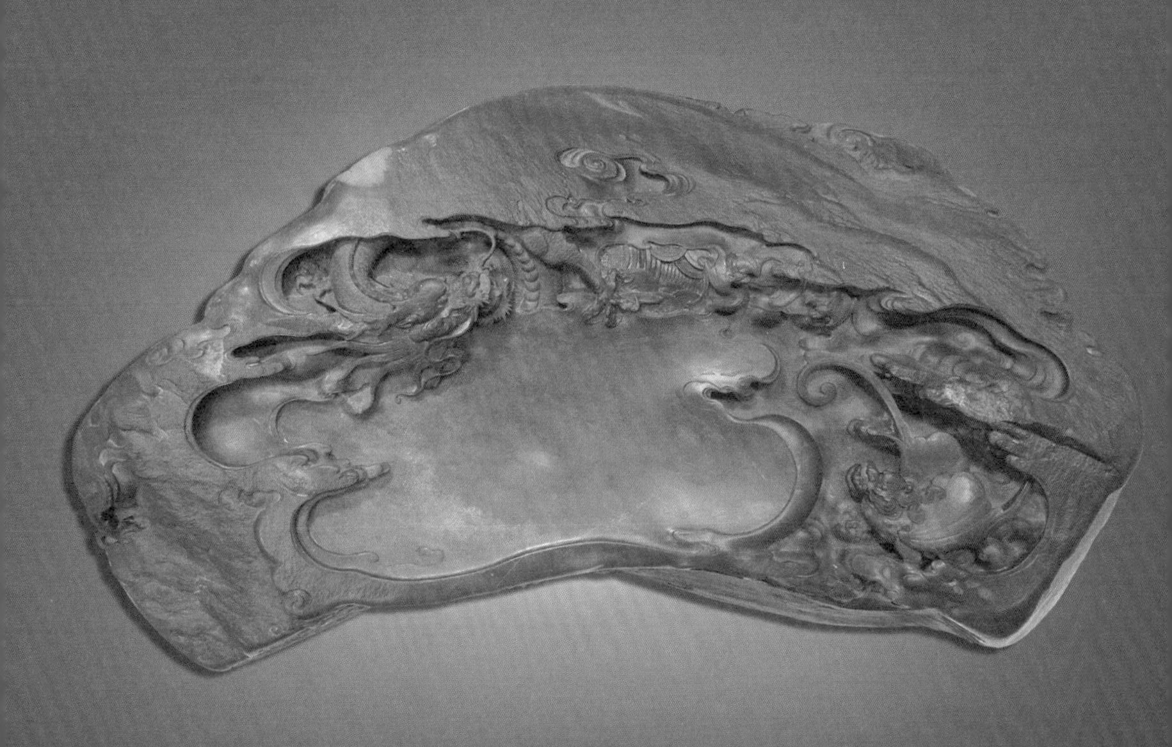

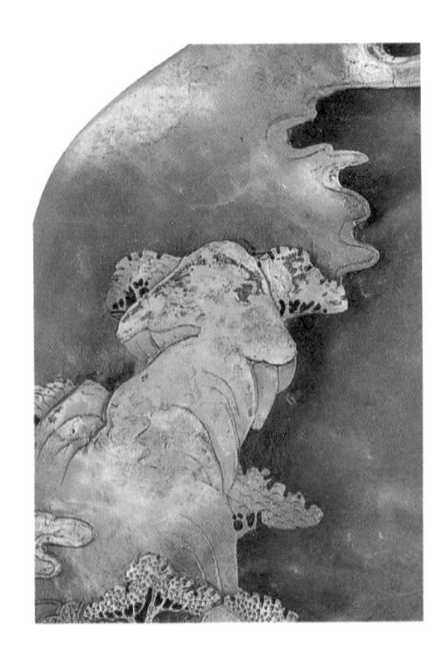

04 宜興壺

宜興壺又稱紫砂壺，相傳源自宋代至明武宗正德年間，由於材料多來自宜興紫砂礦土，產自江蘇宜興，因而有此美名。

這些雅美別緻的茶壺，材質多精選自宜興、蜀山等名地生產，好茶當然要配好壺，品茗之間，同時欣賞壺身包漿光澤慢慢變化，茶味雋永醇厚，唇齒自留香，體現了古代文人的一種優雅姿態。

兩壺下肚心自靜，來寫它幾筆吧！

獅燈壺
泥料：蜀山特級紫砂泥
底款：江記孟臣

朱泥逸公壺
泥料：宜興蜀山精選朱泥料
底款：逸公（惠逸公）

綠泥刻經線圓壺
泥料：宜興一廠精選本山綠泥
壺身：手刻「般若波羅蜜多心經」一首
底款：徐華大製（宜興一廠資深壺藝師）

鋪砂四方開光壺
泥料：宜興一廠特選紫砂
底款：華小其

竹報平安壺
泥料：宜興一廠特藏紫砂泥
底款：高祥娟（宜興一廠資深壺藝師）

西施壺
泥料：宜興一廠精選紅土
底款：毛映紅

西施壺
泥料：宜興一廠精選紫砂
底款：毛映紅

05 弓箭

弓，是世界上最早出現的彈射類遠射武器之一；箭，指的是由弓或弩所射出的武器，外型通常是一根堅硬的長桿。傳統弓，基本上由木、角及腱三部分組成；一支箭，則包括了箭頭、箭身、箭羽和箭尾等部分。

君子之學，藏於六藝——禮樂射御書數，更是古代儒家要求學生掌握的六種基本才能，其中的「射」又是指射箭，藉助弓或弩的彈力將箭射出的一種活動。本藏品特與大家分享自己日常把玩，及至下場練習的弓與箭。

左圖是我所收藏把玩的角弓，和我自己設計、手工製作的蒙古弓，所謂的角弓就是不用任何現代的材料，完全依照古法，用木枝、竹片、牛角、鹿腳筋、魚鰾膠，進行近二百道的工序，純手工製作完成。

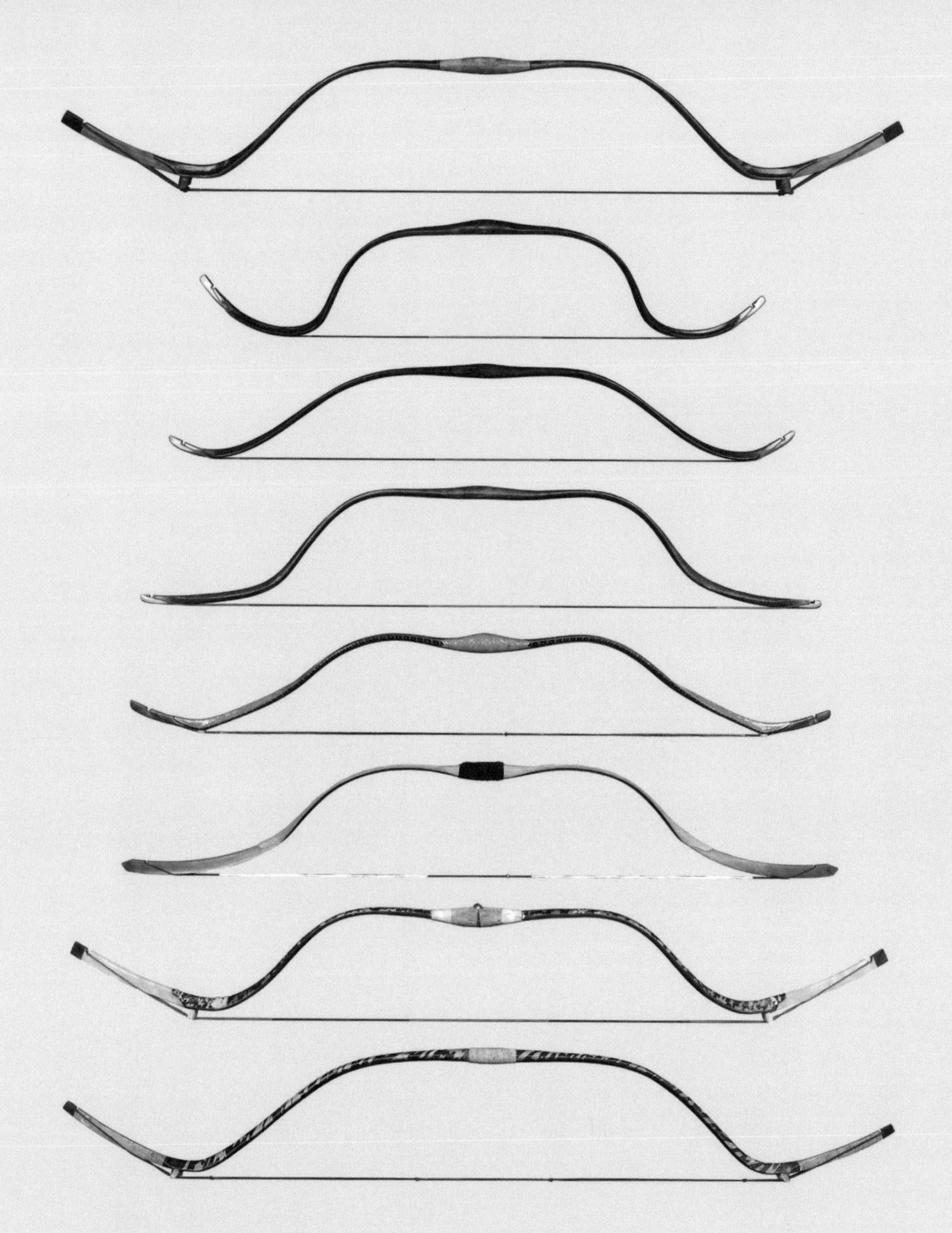

此圖從上向下依序為：
清弓、北印度莫臥兒螃蟹弓、明代小梢弓、明代長梢弓、土耳其弓、我自己設計和手工製作的蒙古弓、摺疊清弓、清弓（雍正皇帝御用葡萄面角弓）

此圖呈現收藏的「箭」，從上向下依序為：

一、哨箭：戰時做訊號傳遞用。狩獵時作為引誘或驚嚇野獸動物，使其從草叢跑出來。

二、清式齊鈹箭：狩獵用箭，造成獸物身上大創傷時使用。戰爭時，也會拿出來擊打沒有穿甲衣的敵人。

三、清式官兵箭：一般征戰中，軍官士兵常用的戰鬥鈹箭。

四、清式鈹箭：狩獵用箭，用來造成獸物身上的大創傷。

五、哨箭：戰時做訊號傳遞用。狩獵時，作為引誘或驚嚇野獸動物，使其從草叢跑出來。

六、內插式四稜形靶箭：平時習射射靶用。

七、日式或韓式靶箭：平時習射射靶用，征戰時也會拿來使用。

八、現代套頭式靶箭：平時習射射靶用。

九、北印度莫臥兒螃蟹弓用箭：因前金屬特長，重量很重，貫穿性比一般箭強上好幾倍，屬於重炮型的箭，一般於征戰中使用。

十、現代套頭式靶箭：平時習射射靶用。

十一、土耳其飛箭（又稱鄂圖曼式飛箭）：鄂圖曼帝國地區晚期沒有戰爭時，拿來射遠比賽使用的飛箭，金屬頭亦有殺傷力。

十二、土耳其飛箭（又稱鄂圖曼式飛箭）：鄂圖曼帝國地區晚期沒有戰爭時，拿來射遠比賽使用的飛箭，牛角頭純屬娛樂比遠用。

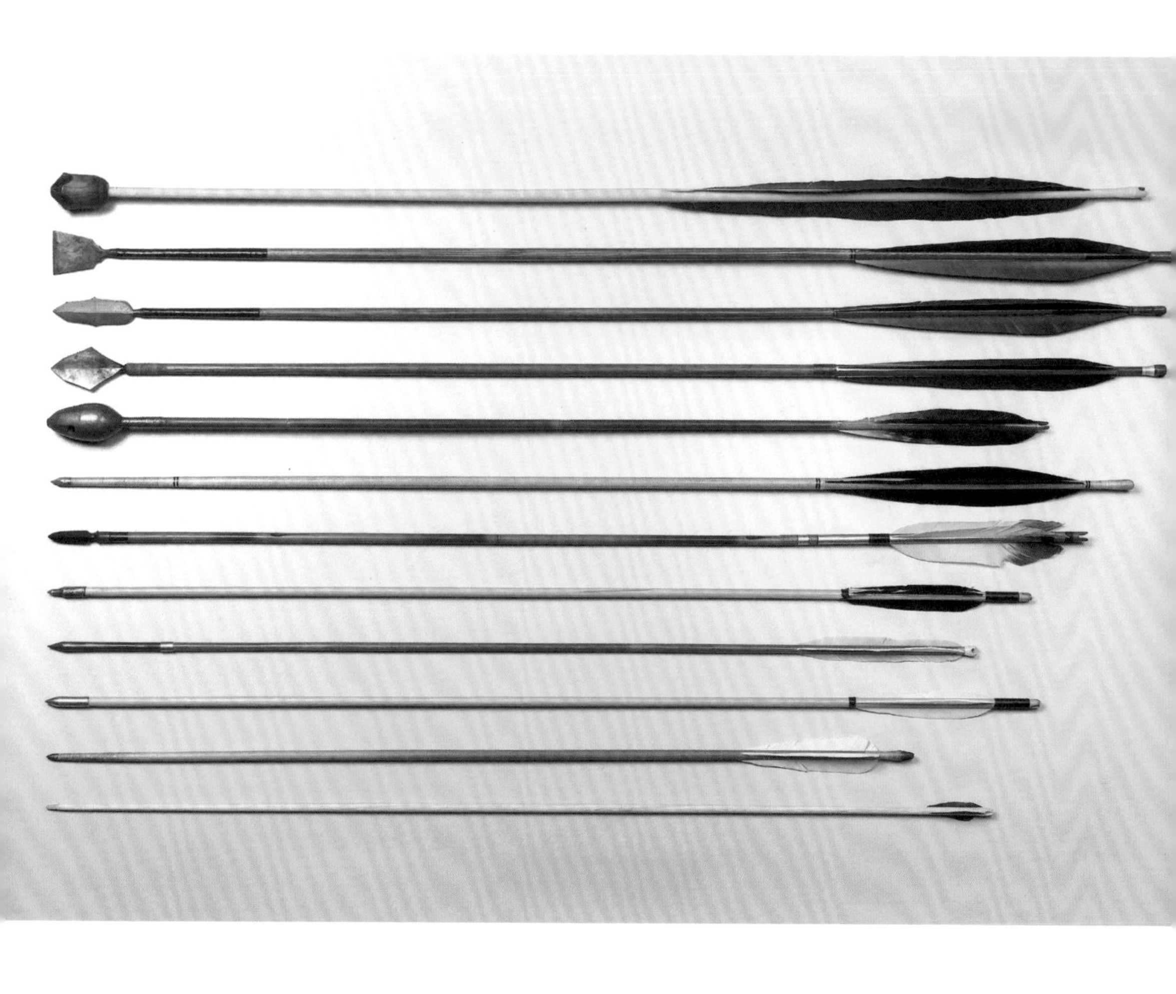

06 盆栽

盆栽，作為一種花藝，不只可以造景觀賞，還能夠怡情養性，甚至具有創造格局（造局）、韜光養晦（靜心）的功用。

觀盆中之寂，修日常之心，讓自己處於「境」之中，儘管身處亂世，心仍不為所惑。

07 竹籃

一個有禪味的花器，只要靜靜地放在那裡，自然帶來一份安寧、沉靜，當和黃土沉香結合，更展現恆古的美，插上花，就顯得俗啦！

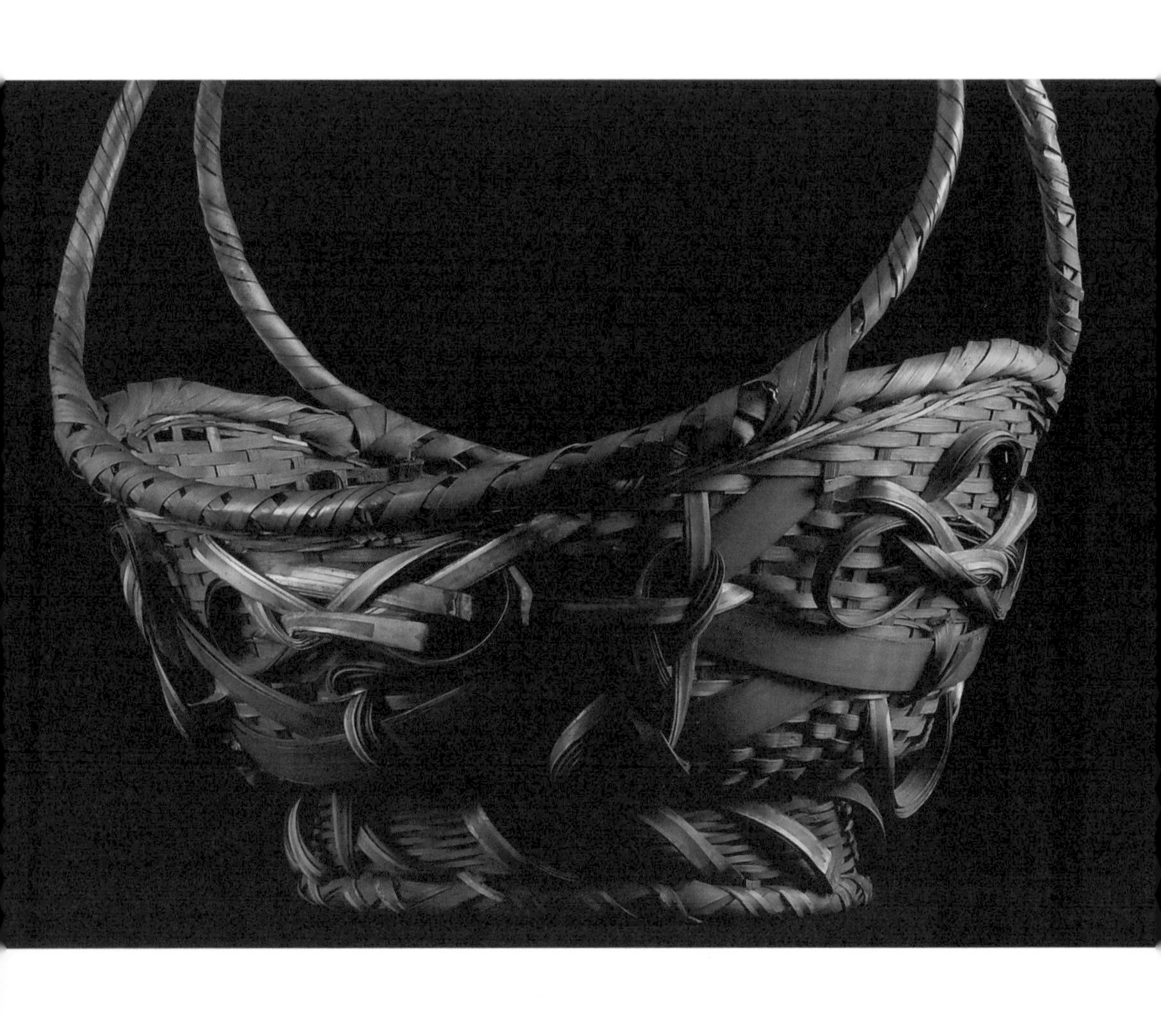

08 黑毛柿臥香座

黑心柿，屬於台灣原生種名貴的黑檀木，生長非常緩慢、質地非常堅硬、密度極高、絕對沉水，在屏東山區，當大到某種程度後，不知是何種原因會爆裂成一塊塊、一片片、一支支，在掉落土中經過幾十年的腐化，所有的尖端毛邊皆退化，呈現眼前的就是各種肌理千姿百態的奇木，把它拿來和沉香結合，就是各種絕美的臥香座台啦！

話說十年前，我拿了一塊未腐化的黑毛柿放在戶外，日曬雨淋，竟然沒有絲毫改變，因此我估計在土裡最少要五十年以上的腐化，才有可能蜕去端角，真是頑固的傢伙。

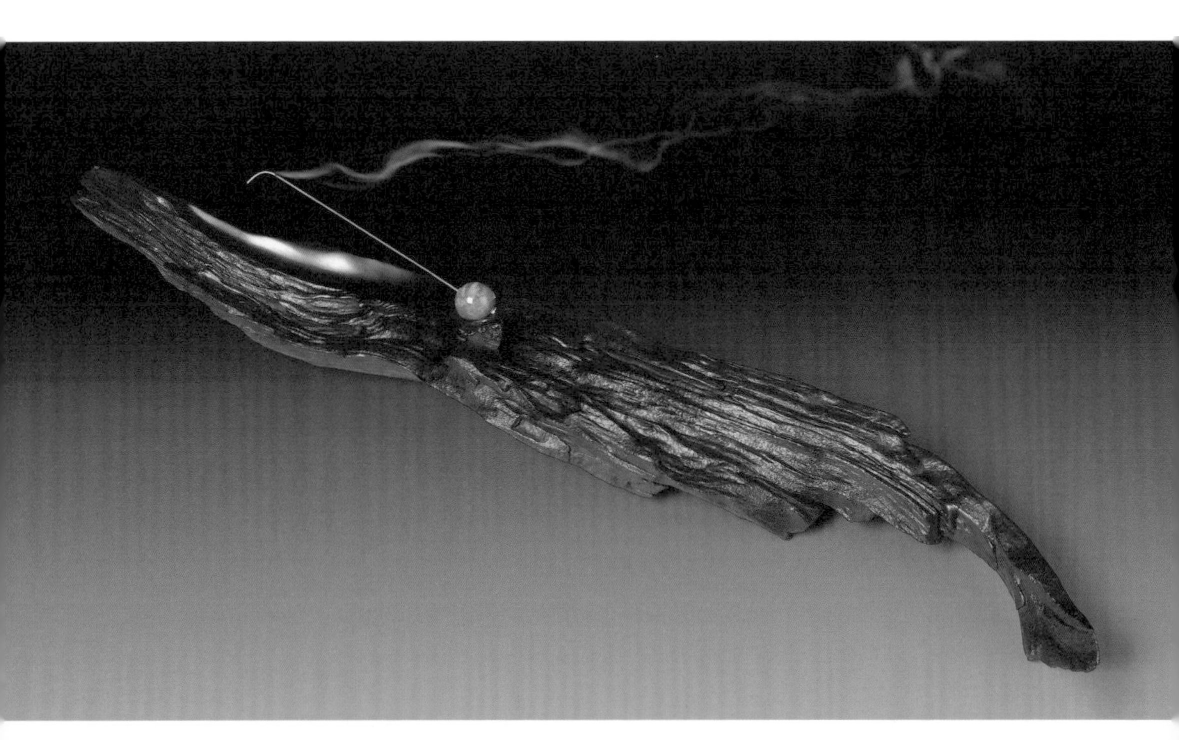

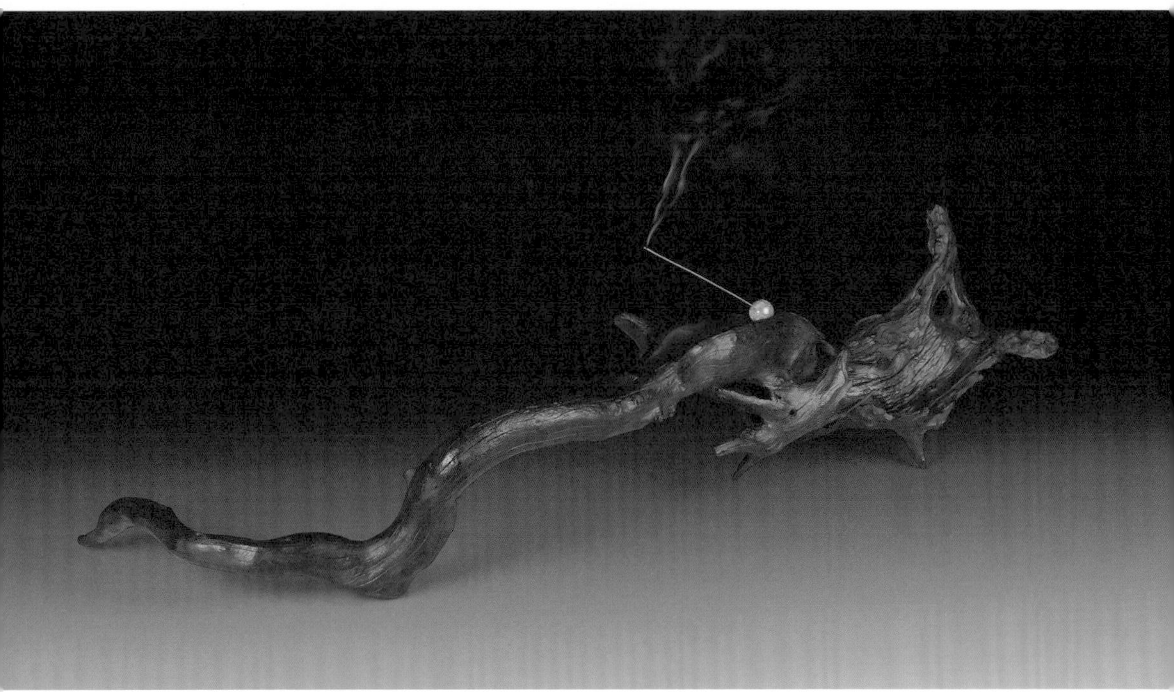

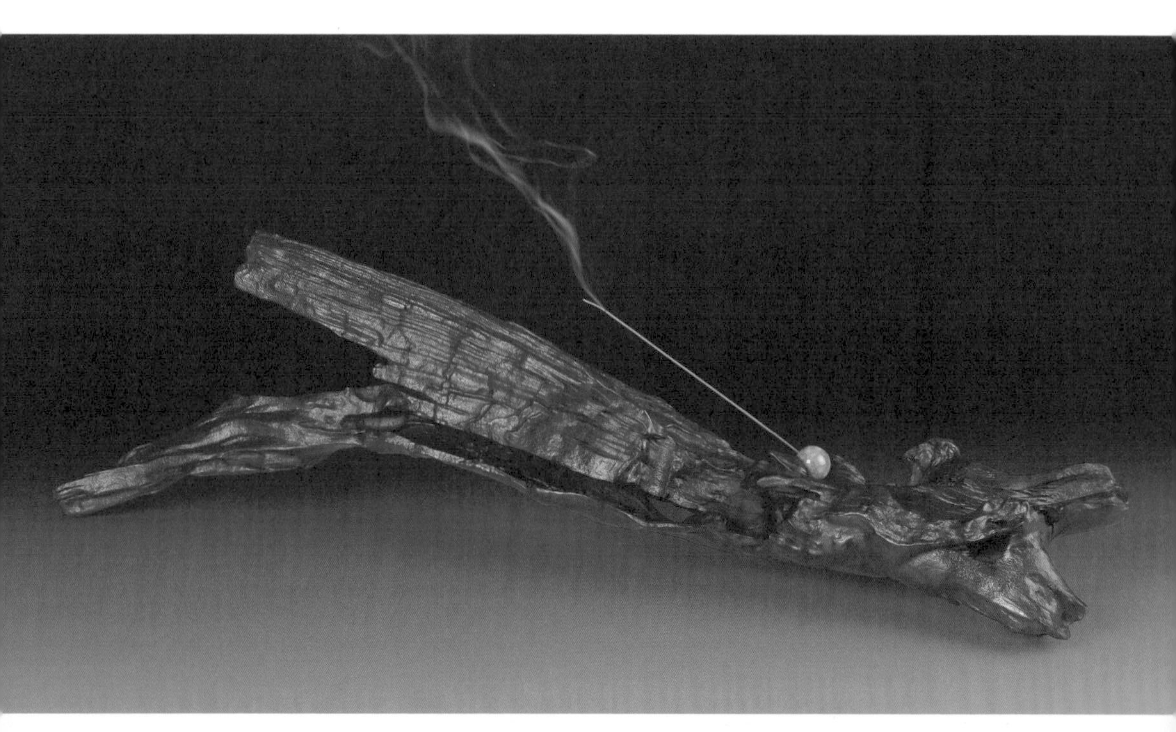

這面是樹皮。

這面是樹心肉部。

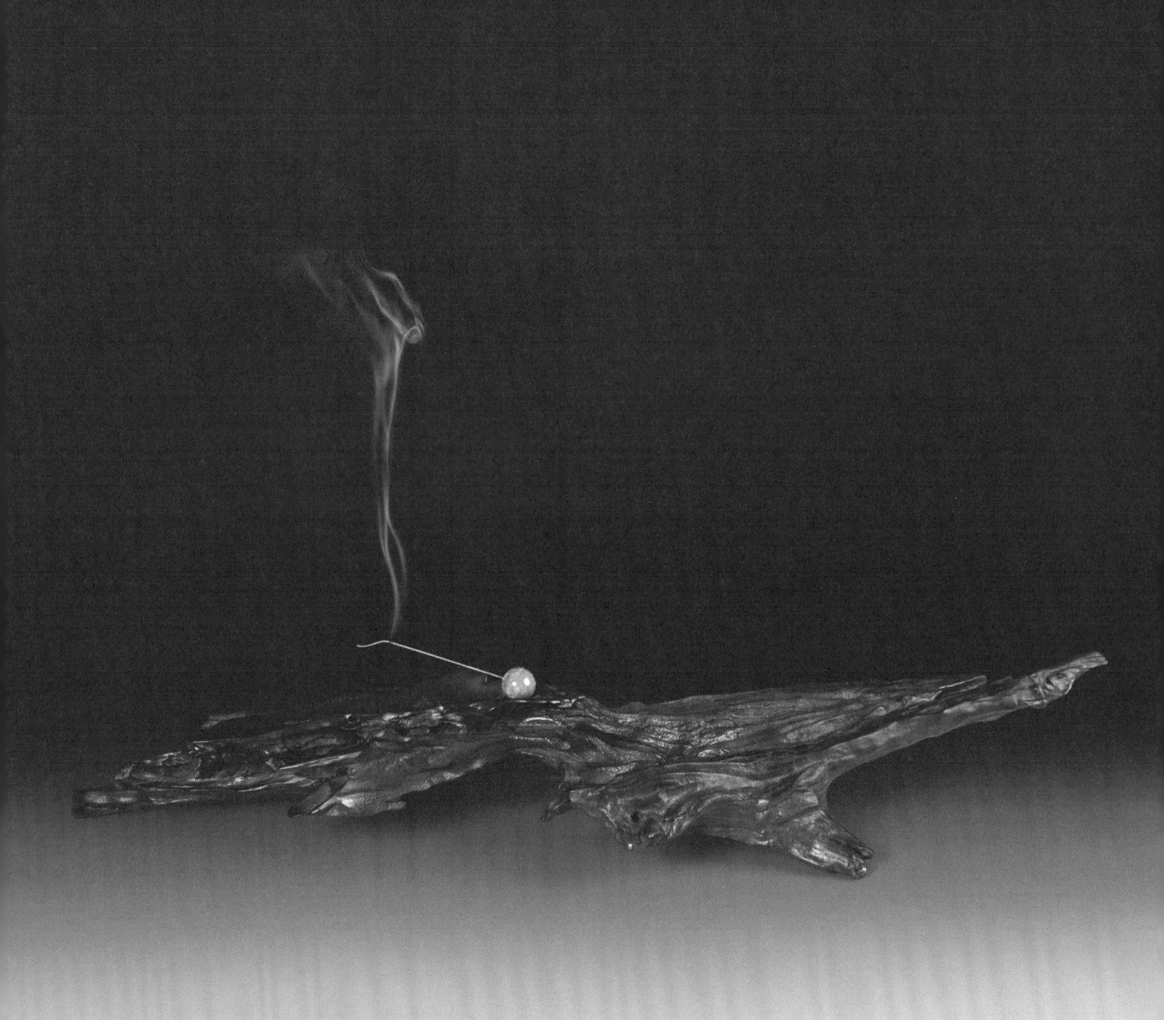

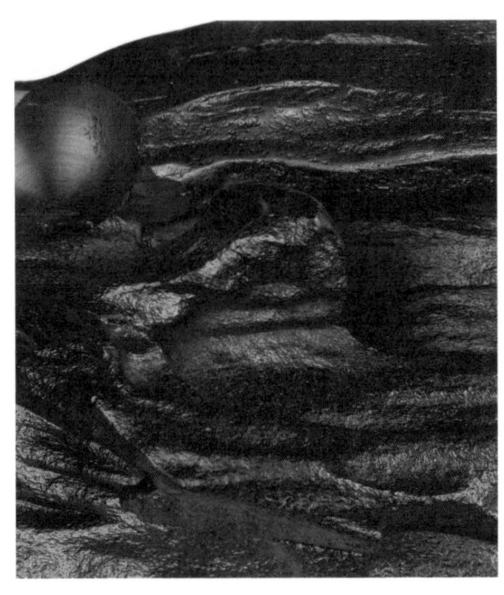

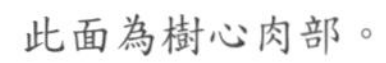

此面為樹心肉部。

此面為樹皮。

作者簡介

商業與藝術的跨域斜槓
手工具發明家、創意製造者
星聯鋒股份有限公司董事長
全球旭能有限公司董事長
「胡氏標準」毛筆規格創立者
胡筆標準（股）公司創辦人

自一九九八年起開始申請專利，台灣至今已累計超過三百多件，全球總計約有一千多件，棘輪扳手為其代表作。擘劃毛筆的標準化，投入逾十年反覆測試發展出一百六十二種規格化的毛筆，打破千年傳統，期許一解書法懸而未決的難題。

一手操持工具，追求魔鬼細節，奠定了不容撼動的國際影響力；一手揮毫品茗，嶄露藝術本質，架築出一場身心靈的改造工程。

熱愛工具研發與風雅藝趣，擺盪在理性與感性間的自如轉換，外顯奔放靈魂的大氣天成，來自時時觀照內心、成全共好的執事之手。

一如個人座右銘：「彩虹之美因多色而共存，人生之美因多人而共榮。」

毛筆示範

張文昇　書藝家

毛筆工藝人

書法歷程五十年

一九八一年創立「張文昇毛筆工作坊」，集製筆、教學、書藝於一身，出身毛筆製作世家，傳承自嘉義母親的工序。自嘲近廟欺神，幼時不愛練毛筆，後來投入製筆天地才開始真正懂寫字，是個會寫書法同時會製筆的工藝人。

師承書法大家謝宗安、王北岳，畫家徐谷庵，為「胡筆標準・張文昇製」開創夥伴。

■參與書會

「中華書道學會」元老會員之一、「中華民國書學會」、「尚玄書會」、「中華書畫印藝學會」、「墨音書會」

■作品合輯

「中華書道學會」作品展集（一至二十五週年）

「橄欖薪傳」謝宗安一百一十歲紀念展集

國家圖書館出版品預行編目（CIP）資料

胡筆標準：千百年來第一人，創造出毛筆的標準/胡厚飛作. --第一版. --臺北市：博思智庫，民 109.11 面；公分
ISBN 978-986-99018-7-1（平裝）. --
ISBN 978-986-99018-8-8（精裝）
1. 書法 2. 毛筆

942　　　　109014131

胡筆標準 千百年來第一人，創造出毛筆的標準

作　　者｜胡厚飛
毛筆示範｜張文昇
主　　編｜吳翔逸
執行編輯｜陳映羽
專案編輯｜胡　梭・千　樊
資料協力｜陳瑞玲・李海榕
攝　　影｜張憲儀
美術主任｜蔡雅芬

發 行 人｜黃輝煌
社　　長｜蕭艷秋
財務顧問｜蕭聰傑
出 版 者｜博思智庫股份有限公司
地　　址｜104 台北市中山區松江路 206 號 14 樓之 4
電　　話｜(02) 25623277
傳　　真｜(02) 25632892

總 代 理｜聯合發行股份有限公司
電　　話｜(02)29178022
傳　　真｜(02)29156275

印　　製｜永光彩色印刷股份有限公司
第一版第一刷 西元 2020 年 11 月

ISBN 978-986-99018-7-1 (平裝)
ISBN 978-986-99018-8-8 (精裝)

博思智庫股份有限公司
博思智庫粉絲團　Facebook.com/broadthinktank